AF314710

TABLE

DES
EDITS, DECLARATIONS,
ARRESTS
ET REGLEMENS,

Rendus pendant la cinquiéme année du Bail
de M^e. JACQUES FORCEVILLE.

*Commencée le premier Octobre 1742. & finie le
dernier Septembre 1743.*

CONCERNANT LES GABELLES DE FRANCE;
Lyonnois, Dauphiné, Provence, Languedoc, Roussillon, Auver-
gne, Salines de Moyenvick; Gabelles des Evêchés de Metz, Toul
& Verdun; Gabelles & Domaines de Franche-Comté & d'Alsace,
& Droits Manuels.

A PARIS,

Chez PIERRE PRAULT, Imprimeur des Fermes & Droits du Roy,
Quay de Gêvres, au Paradis.

———————————

M. DCC. LXIX.

TABLE

DES

EDITS, DECLARATIONS,

ARRESTS ET REGLEMENS,

RENDUS pendant la cinquiéme année du Bail de M^e. JACQUES FORCEVILLE.

Commencée le premier Octobre 1742, & finie le dernier Septembre 1743.

CONCERNANT les Gabelles de France, Lyonnois, Dauphiné, Provence, Languedoc, Roussillon, Auvergne, Salines de Moyenvic; Gabelles des Evêchés de Metz, Toul & Verdun; Gabelles & Domaines de Franche-Comté & d'Alsace, & Droits Manuels.

Du 2 Octobre 1742.

ARREST du Conseil, qui ordonne l'exécution de l'Article 21 du Titre 15 de l'Ordonnance des Gabelles de 1680, & des Arrests du Conseil & Lettres Patentes des 3 Juillet 1691, 29 Aoust & 4 Septembre 1724; ce faisant, que le Sel qui aura servi à la salaison du Poisson, ainsi que la Saûmure, seront jettés

GABELLES.   A

comme immondes, à peine de trois cens livres d'amende: condamne les nommés Godillon, Marchand Mégiffier, & Pierre Grenet, Marchand de Saline d'Orleans, folidairement en ladite amende de trois cens livres, pour avoir, par ledit Grenet, vendu audit Godillon, une Feuillette & demie de Saumure ou eau de Poiffon falé faifie chez ledit Godillon; & ordonne l'enregistrement dudit Arrêt au Greffe du Grenier à Sel de ladite Ville d'Orleans.

Du 2 *Octobre* 1742.

Arreſt du Conſeil, portant que la Requeſte de Jacques Forceville, Adjudicataire des Fermes Générales, tendante à la caſſation de celui de la Cour des Aydes du 3 Août précédent, confirmatif d'une Sentence du Grenier à Sel de Laval, du 5 May 1740, pour avoir annullé des procès-verbaux de vérification du Rolle des Tailles de la Paroiffe de la Trinité de ladite Ville, dans lequel les Collecteurs avoient obmis plufieurs feux & perſonnes, & ce fous prétexte que lefdits procès-verbaux n'avoient pas été clos lors de la vifite faite dans les maifons de chaque Particulier ni les copies d'iceux données dans l'inſtant de leur redaction, & que les affignations avoient été données aux Collecteurs par les Employés de la Ferme, plufieurs jours après la redaction des Procès-verbaux, au lieu qu'elles devoient être données par des Huiffiers; ordonne que ladite Requeſte fera communiquée aufdits Collecteurs pour y fournir de réponfe dans le délai de l'Ordonnance, toutes chofes demeurantes en état.

Du 12 *Octobre* 1742.

Arreſt du Conſeil, qui commet M. Levet, Commiſſaire du Conſeil à Valence, pour inſtruire & juger le Procès aux Employés des Fermes des Provinces de Dauphiné, Lyonnois, Bourgogne, Provence, Languedoc & Auvergne, qui feront la Contrebande, ou la favoriferont, foit en livrant le paffage aux Contrebandiers, foit en s'appropriant les Marchandifes faifies & les vendant, ou qui commettront d'autres délits & prévarica-

tions dans les fonctions de leurs Employs concernant ladite
Contrebande.

Du 2 Octobre 1742.

Arrest du Conseil, au sujet d'une rebellion contre les Employés de la Barriere des Porcherons, dans laquelle un Soldat aux Gardes avoit été tué ;

Qui ordonne que les Articles 35 , 36 & 37 du Titre Commun pour toutes les Fermes de l'Ordonnance des Aydes du mois de Juillet 1681 , les Articles 3 & 6 de la Déclaration du 12 Juillet 1723 , l'Arrêt du Conseil du 3 Décembre 1737 , & l'Article 560 du Bail des Fermes Générales Unies fait à Jacques Forceville le 16 Septembre 1738 , seront exécutés selon leur forme & teneur.

En conséquence, casse & annulle la procédure faite au Châtelet, à la Requeste du Procureur du Roy, ensemble tous Décrets de prise de corps , & autres Décrets, Sentences, Ordonnances & Jugemens décernés & rendus contre Antoine Lombart & autres Commis des Fermes , par le Lieutenant Criminel & les Officiers dudit Châtelet, comme incompétemment rendus.

Fait itératives défenses audit Procureur du Roy de faire à l'avenir aucunes poursuites , & audit Lieutenant Criminel & autres Officiers dudit Châtelet de rendre de pareils Décrets & Sentences, ni de connoître des affaires des Fermes, sous les peines portées par l'Article 36 du Titre Commun , pour toutes les Fermes , sauf aux Parties à se pourvoir pardevant les Officiers de l'Election , & par appel en la Cour des Aydes.

Ordonne , conformément à l'Arrest de la Cour des Aydes du 13 Juin 1742 , (qui avoit ordonné par provision l'exécution d'une Sentence de l'Election de Paris , portant élargissement dudit Lombart, qui avoit été arrêté & constitué prisonnier, lors de ladite rebellion) que ledit Lombart sera élargi & mis hors des prisons , sans avoir égard aux Arrêts de ladite Cour des 22 dudit mois de Juin & 17 Juillet ensuivant, qui avoient, le premier, reçû le Sieur Procureur Général opposant audit Arrest du 13 Juin 1742 , en ce qu'il avoit prononcé l'élargissement de la personne dudit Lombart ; & le second, en donnant acte à Forceville de sa prise de fait & cause dudit Lom-

bart son Commis, avoit ordonné que les procédures extraordinaires faites tant au Châtelet, qu'en l'Election de Paris, contre ledit Lombart & autres, & apportées au Greffe de la Cour,
feroient renvoyées en ladite Election, pour lesdites procédures
extraordinaires y être continuées jusqu'à Sentence définitive inclusivement, sauf l'appel en ladite Cour.

Ordonne que la procédure extraordinaire, commencée en
l'Election de Paris à la Requeste dudit Forceville, contre les
accusés de rebellion, violences & voyes de fait envers ses Commis, soit continuée jusqu'à Sentence définitive inclusivement,
sauf l'appel en ladite Cour des Aydes.

Et que ledit present Arrest sera enregistré, sans frais, au
Greffe Criminel du Châtelet de Paris, & exécuté nonobstant
toutes oppositions & empêchemens quelconques, pour lesquels ne sera différé.

Du 9 Octobre 1742.

Arrest du Conseil, qui déboute M. le Maréchal d'Isenghien
de sa demande tendante à la cassation d'un Jugement des Officiers de la reformation des Bois destinés à l'usage des Salines de
Salins en Franche-Comté, du 17 Juillet 1741, par laquelle
lesdits Officiers ont maintenu le nommé Vaules dans la faculté
de construire & exploiter un four à chaux dans les Bois des Es-
parons, appartenant au Roy, & Voisin de la Forest de la
Vigné, appartenant à M. le Maréchal d'Isenghien.

Du 9 Octobre 1742.

Arrest du Conseil, qui commet M. de la Porte, Intendant
à Moulins, pour, au lieu & place de M. de Sauvigny, ci-devant Intendant dans la même Province, instruire & juger suivant les derniers erremens, la procédure commencée par ledit
Sieur de Sauvigny, le procès aux nommés Louis Bory, François Sarcoing, Jean-Baptiste Angely, Vincent Genest, &
Claude Duret, Faux-Sauniers détenus dans les prisons de Moulins, & ce en la forme & maniere portés aux Arrests des 24
Avril 1738 & 28 Avril 1739, par lesquels MM. Pallu & de

Sauvigny, successivement Intendans en Bourbonnois, ont été commis pour juger le procès desdits Faux-Sauniers.

Du 11 Octobre 1742.

* Département de Messieurs les Fermiers Généraux pour le service des Fermes Royales Unies, pendant la cinquiéme année du Bail de Jacques Forceville.

Du 23 Octobre 1742.

Arrest du Conseil, qui commet le Sieur Heriard, Commissaire du Conseil à Saumur, pour instruire & juger le procès aux nommé Silvain Jourdan, François Jourdain, Silvain Camus, Pierre Nezaut, Pierre Pelerin, Silvain Durandeau, Jean Jamet, Charles Gastinoux & François Freget, Faux-Sauniers arrêtés chez le nommé la Marche, Salorgier au Village du Conduit, Paroisse de Tilly, Direction de Bourges, où ils étoient attroupés pour y acheter du Sel & le revendre ensuite en Faux-Saunage, & pour la rebellion par eux faire aux Employés.

Du 30 Octobre 1742.

Arrest du Conseil, qui commet M. l'Intendant de Picardie, pour la publication & adjudication au rabais des grosses reparations à faire à la maison où se tient la Jurisdiction des Gabelles à Amiens, ainsi qu'à plusieurs Maisons servant de Bureaux & de Corps-de-Garde appartenans au Roy dans la Généralité d'Amiens; du prix desquels ouvrages les Entrepreneurs seront payés sur les Ordonnances dudit Sieur Intendant, par Jacques Forceville, Adjudicataire des Fermes Générales, auquel il en sera tenu compte sur le prix de son Bail

Du 30 Octobre 1742.

Arrest du Conseil, qui commet M. Bignon de Blanzy, Intendant de la Généralité de Soissons, pour faire la publication & adjudication au rabais & moins disans des grosses reparations à faire à la maison servant de Grenier à Sel à Cormicy, à la Barriere de Condé fur Suippe, & au Corps-de-Garde de Pontavaire, appartenans au Roy; du prix defquels Ouvrages les Entrepreneurs feront payés fur les Ordonnances dudit Sieur Intendant, par Jacques Forceville, Adjudicataire des Fermes Générales Unies, auquel il en fera tenu compte fur le prix de fon Bail.

Du premier Novembre 1742.

* Ordonnance du Roy, portant Réglement pour le payement des Troupes pendant l'hyver de ladite année, contenant neuf Articles; par le dernier defquels il eft deffendu aux Officiers, Gardes du Corps, Gendarmes, Chevaux-Legers, Moufquetaires, Cavaliers, Carabiniers, Huffards, Dragons & Soldats, de prendre aucun Sel dans les Pays Etrangers, ou dans ceux de l'obéiffance de Sa Majefté où la Gabelle n'eft point établie, ni de fe charger d'aucun Tabac ou autres Marchandifes pour les tranfporter, vendre ou-débiter en telle maniere que ce puiffe être, & à quelque perfonne que ce foit, dans les Provinces du Royaume, à peine, contre les Chefs & Commandans, de répondre fur leurs payes & fur leurs biens des dommages qui feroient faits aux Fermes Générales par ceux étant fous leur charge, & aux Gardes, Gendarmes, Cavaliers, Huffards, Dragons & Soldats, d'être punis fuivant la rigueur des Ordonnances contre les Faux-Sauniers; deffend pareillement à tous les Sujets du Roy, de quelque qualité & condition qu'ils foient, de commettre le Faux-Saunage, ni d'affifter & favorifer en quelque forte que ce foit, les Gens de Guerre qui le commettront fur les peines des Ordonnances.

Du 6 Novembre 1742.

Arreft du Confeil, qui commet M. l'Intendant de Poitiers pour inftruire & juger le procès au nommé Gouveau, Garde des Fermes au Pofte de Velandin, pour raifon du meurtre par lui commis en la perfonne de Pierre Gendreau, arrêté avec les nommés Pierre Dogufé & Jean Bertault, fur chacun defquels il avoit été faifi un Sac de faux Sel.

Du 6 Novembre 1742

Arrest du Conseil, qui commet le Sieur Heriard, Commisſaire du Conſeil à Saumur, pour inſtruire & juger le procès aux nommés Jean Verger & François Duchesne, dit Songe-long-tems, arrêtés pour crime de vol de Sel au Grenier de Laval.

Du 6 Novembre 1742.

Arrest du Conseil, qui caſſe une Sentence du Grenier à Sel de Joinville du 26 Septembre 1741 , pour avoir annullé un procès-verbal de ſaiſie faite en campagne, de cinq livres de faux Sel ſur le nommé Etienne Maranger , Laboureur, de la Paroiſſe de Bure, ſous prétexte , 1°. que le nommé Yard, l'un des Employés ſaiſiſſans, n'avoit plus ſerment en Juſtice, ayant été revoqué d'un Commiſſion de Garde à cheval, & remis Garde à pied ; 2°. Qu'il y a pluſieurs Habitans à Bure du nom de Maranger; 3°. Que ledit Maranger n'a pas été conduit en priſon ; 4°. Que ne s'étant trouvé au domicile de Maranger que du Sel du Grenier , les Employés ne devoient pas laiſſer à la Femme dudit Maranger, qui s'étoit évadée, un échantillon du Sel ſaiſi, & pour faire droit ſur ladite ſaiſie, renvoye les Parties pardevant M. l'Intendant de Champagne, pour être la ſaiſie jugée, ſauf l'appel au Conſeil.

Du 9 Novembre 1742.

* Jugement de la Commiſſion du Conſeil, établie à Rheims, qui condamne le nommé Philippes Maillard , dit Philippes, Garçon ſans profeſſion ni domicile, du Village d'Igny en Franche Comté, à être rompu vif pour crimes de Contrebande en Tabac, Indiennes, Toiles peintes, Soyeries, faux Sel & autres Marchandiſes, avec attroupement & port d'armes, bris de priſons, vols, meurtres & aſſaſſinats.

Du 14 Novembre 1742.

* Jugement de la Commission du Conseil établie à Rheims, qui condamne le nommé Gerard Nivelet dit l'Epine, Manouvrier du Village de S. Jean au Bois en Tierarche, en neuf années de Galeres, & en cinq cens livres d'amende, pour crime de Faux-Saunage & Contrebande en Tabac.

Du 20 Novembre 1742.

'Arrest du Conseil, qui accepte les offres faites par Pierre le Noir, Meûnier du Moulin de Lezey situé sur le Canal de la Saline de Moyenvic , & affecté à perpétuité, par Arrest du Conseil du 6 Septembre 1723, à ladite Saline & au flottage des Bois qui lui sont nécessaires, de prendre ledit Moulin à titre de Bail emphitéotique , & en consequence ordonne que par M. l'Intendant de la Généralité de Metz, ledit Bail sera passé pour quatre-vingt-une années dudit Moulin & dépendances, à la charge, par ledit le Noir, de recevoir les Bâtimens & dépendances dudit Moulin en l'état qu'ils seront trouvés lors de la passation du Bail, de les faire reparer & entretenir de grosses & menues reparations & vilains fondoirs, à ses frais, pendant la durée du Bail; de faire passer le seuil du coursier de la roue dudit Moulin au niveau de celui destiné au passag du Bois, & de fixer la hauteur des vannes à trois pieds; d'indemniser les Propriétaires des Prairies voisines des dommages que pourront occasionner le reflux ou l'écoulement des eaux, les inondations & excavations qui seront faites dans les prairies pour le rechargement des digues du Canal; qu'il tiendra les vannes du Moulin levées pendant le tems du flotage des Bois de la Saline de Moyenvic, sans pouvoir prétendre aucune indemnité pour raison de ce; qu'il payera annuellement, pendant la durée du Bail, une redevance de quatre quartes de Bled au Sieur Abbé de Beaupré, à lui dûe sur ledit Moulin; de payer aussi annuellement, à l'acquit des Fermiers Généraux, pendant la durée du Bail, aux Sieur & Dame Drouard , ci-devant Propriétaires dudit Moulin, une rente de deux cens livres; au moyen de quoi les

Fermiers

Fermiers Généraux demeureront feulement chargés, pendant la durée dudit Bail emphitéotique, d'une redevance annuelle de trois vaxels de Sel dûe aufdits Sieur & Dame Drouard, fuivant ledit Arreſt du 6 Septembre 1723.

Du 11 Décembre 1742.

Arreſt du Conſeil, qui commet M. Heriard, Commiſſaire du Conſeil à Saumur, pour inſtruire & juger le procès aux Auteurs, Fauteurs, Complices ou Adhérans, des rebellions, violences & mauvais traitemens exercés le 12 Novembre précédent, au lieu de Crais, Paroiſſe de Cheville-changé, contre deux Employés des Fermes de la Brigade ambulante de Montreuil en Anjou, qui ſuivoient la piſte d'une bande de Faux-Sauniers.

Du 11 Décembre 1742.

Arreſt du Conſeil, qui interdit le Sieur le Moyne de Juigny, Grenetier au Grenier à Sel de Mayenne, des fonctions de ſa Charge, juſqu'à ce qu'il en ſoit autrement ordonné, pour y avoir tenu une conduite irréguliere & contraire au bien de la Régie des Fermes du Roy.

Du 11 Décembre 1742.

* Jugement de la Commiſſion du Conſeil, établie à Rheims, qui condamne le nommé Louis Mordillac, dit la Roche ou Lamiotte, ſe diſant Laboureur & Marchand de chevaux du Village de Moyenville en Lorraine, aux galeres perpétuelles, & en mille livres d'amende.

Du 13 Décembre 1742.

* Jugement de la Commiſſion du Conſeil, établie à Rheims, qui condamne le nommé Jean Warneſſon, Cavalier du Régiment de Condé, à être pendu pour crime de rebellion, excès & violences faites aux Employés dans leurs fonctions, & le nommé Condamine en neuf années de galeres, pour complicité deſdits excès; renvoye les Habitans & Communauté

de Vone, & quelques Particuliers abſous, avec dépens, dommages & intérets contre Forceville, Adjudicataire Général des Fermes.

Du 14 Décembre 1742.

* Arreſt Contradictoire de la Cour des Aydes de Paris, qui, ſans avoir égard aux lettres de reſciſion priſes en Chancellerie par le Sieur Baron de Bornes, contre l'acte de cautionnement par lui fourni pour le Sieur Pacheque, Receveur des Aydes, expoſitives qu'il étoit Mineur, quand il a paſſé ledit acte, & qu'il ne pouvoit engager les biens fonds qu'il y a hypotéqués, parce que ſon pere les lui a cédés pour ſa nourriture & entretien, ſans pouvoir être ſaiſis, l'a débouté de l'oppoſition qu'il avoit formée à la contrainte décernée contre lui par le Fermier des Aydes, pour avoir payement de la ſomme dont ledit Pacheque eſt reliquataire, & ordonne que ſur les deniers, loyers & fermages ſaiſis ſur le Sieur Baron de Bornes, le Fermier des Aydes ſera payé par privilege & préférence de la ſomme portée en ladite contrainte, avec intérêts & dépens.

Du 18 Décembre 1742.

Arreſt du Conſeil, qui accorde aux Pauvres de l'Hôpital de Rouen une augmentation de quarante minots de Franc-ſalé pendant chacune des trois années commencées au premier Octobre 1742, dont il ſera tenu compte au Fermier ſur le prix de ſon Bail.

Du premier Janvier 1743.

* Arreſt du Conſeil, qui permet l'entrée par le Port de Gravelines, des Sels venans de Brouages, Iſles de Ré & d'Oleron, Poitou, Aunis & Bretagne à la deſtination du Calaiſis, de l'Artoi, du Boulonnois & des Provinces du Pays conquis, en payant trente ſols par razieres, du poids de marc de deux cens cinquante livres, & à la charge d'obſerver les formalités preſcrites par les Arreſts du Conſeil & Lettres Patentes des 23 Mars 1720 & 22 Février 1729.

Du 8 Janvier 1743.

Arreſt du Conſeil, qui permet à Jean Fourmentin & Jean-Baptiſte du petit Rieux, Fermiers des Caroſſes & Meſſageries d'Orleans, Berry, Touraine, Anjou, Poitou, Normandie, Bretagne, le Maine, Perigord, Aunis, Bourdelois & Bayonnois & leurs Sous-Fermiers, tant en droiture que de traverſe, de continuer la perception du quart en ſus du prix de leurs voitures juſqu'au dernier Juin 1743.

Du 8 Janvier 1743.

* Arreſt du Parlement de Bretagne, rendu contradictoirement & ſur les Concluſions de M. le Procureur Général du Roy, qui met au néant avec amende l'appel relevé par les nommés Henry le Cras; Guillaume Néel, de l'Iſle de Jerzay, & Charles Cojean, François, de Sentence rendue aux Traittes de Morlaix, le 17 Mars 1742, portant confiſcation au profit de Me. Jacques Forceville, Adjudicataire Général des Fermes du Roy, d'un petit Bâtiment Anglois trouvé échoué à l'Iſle de Thomé, des agrés & appareaux d'icelui, & de ſoixante Balots de Tabac, fabrique Angloiſe, du poids de trois mille trois cens quatre-vingt-treize livres, auſſi trouvés à quelque diſtance dudit Bâtiment & Agrés, qui condamnoit leſdits le Cras & Néel ſolidairement en l'amende de mille livres & aux dépens, & qui déclaroit les mêmes condamnations communes & exécutoires vers ledit Cojean, comme Tous ayant été trouvés & arrêtés dans cette Iſle, & reputés aureurs & complices du verſement deſdits Tabacs en fraude.

Qui déboute leſdits le Cras & Cojean des Requeſtes & demandes par eux formées, ledit le Cras, afin de reſtitution dudit Bâtiment, Agrés & Appareaux, & ledit Cojean d'une valiſe, argent & effets qui devoient y être renfermés, ſinon la juſte valeur par leur ſerment & à dire d'Experts, avec réparations, dommages & intéreſts.

Qui, reformant ſur l'Appel *à minimâ* dudit Forceville de la même Sentence, condamne leſdits le Gras, Néel & Cojean,

chacun solidairement à une amende de mille livres & aux dépens des causes d'appel & incidens, sauf la libération ou recours
desdits le Cras & Cojean, vers les Héritiers dudit Néel décédé
ès prisons de Morlaix depuis leurs appels interjettés de ladite
Sentence.

Nota. Cet Arrest juge 1°. Que les Auteurs & Complices de même versement &
fraude de Tabac, sont tenus solidairement chacun d'une amende de mille livres & des
dépens, conformément aux Déclarations du Roy & Réglemens.

2°. Que le Fermier n'est pas obligé d'assigner ni mettre en cause les Héritiers de ceux
des Complices qui meurent dans le cours de l'instruction des Procès, pour faire prononcer les condamnations desdites amendes contre Tous, sauf le recours de ceux avec
lesquels elles sont prononcées contre les Héritiers de leurs Complices.

Du 8 Janvier 1743.

Arrest du Conseil, qui commet le Sieur Levet, Commissaire
du Conseil à Valence, pour instruire & juger le Procès aux
nommés Claude Soupizet, Pierre Dorier & Combaminier,
Faux-Sauniers arrêtés près de Thiers & à Clermont Ferrant,
faisant partie d'une Bande conduisant trente-cinq chevaux chargés de Sel qu'ils venoient d'acheter à Pont-Gebaud en Auvergne, ensemble à leurs complices, fauteurs, participes & adhérans, tant pour Faux-saunage, Contrebande, qu'autres crimes
dont ils peuvent être prévenus.

Du 8 Janvier 1743.

Arrest du Conseil, qui commet le Sieur Levet, Commissaire
du Conseil à Valence, pour instruire & juger le procès aux auteurs, complices, fauteurs, participes ou adhérans des meurtres, violences, délits & Faux-saunage mentionnés au procès-
verbal des Employés des Fermes des Brigades de Paray le
Monial & Bourbon-Lancy, du 11 Novembre précédent, duquel il resulte qu'une bande de Faux-sauniers passant par les
Villages de Chalmont & Neuvy, avec vingt-deux chevaux
chargés de Sel d'Auvergne, s'est revolté contre lesdits Employés, dont plusieurs ont été blessés & deux sont morts de
leurs blessures.

Du 15 Janvier 1743.

Arrest du Conseil, portant réglement pour prévenir l'abus qui peut être fait du Sel de rapport de la pêche de Morue qui se fait par les Habitans de S. Vallery en Caux au Banc de Terre-neuve. *Contenant 7 Articles.*

Du 22 Janvier 1743.

Arrest du Conseil, qui commet le Sieur Heriard, Commissaire du Conseil à Saumur, pour instruire & juger le procès aux Faux-sauniers & Contrebandiers de Tabac & de Marchandises prohibées, qui se trouveront attroupés au nombre de cinq & au-dessus, sans armes, dans l'étendue des Généralités de Tours, Moulins, Bourges & Poitiers.

Du 22 Janvier 1743.

Arrest du Conseil, pour faire expédier au profit de Jacques Forceville, une Ordonnance de comptant sur le Garde du Tresor Royal, de la somme de quatre-vingt-deux mille huit cens soixante livres quatre sols, par lui avancée pour differentes sortes de reparations, ouvrages & autres dépenses à la charge du Roy, tant aux Salines de Salins & à la nouvelle Saline établie à l'Etang du Saloir près Montmorot en Franche-Comté, qu'à la Saline de Moyenvic, dans les trois Evêchés, & aux dépendances desdites Salines, pour valeur de laquelle somme il sera expedié une quittance comptable, sur & en déduction du prix du Bail dudit Forceville.

Du 28 Janvier 1743.

* Edit du Roy, *registré en la Cour des Aydes, le 8 Février suivant*, pour l'établissement d'un Grenier à Sel en la Ville de Dourdan, & création d'un Président, d'un Grenetier, d'un Controlleur, d'un Procureur du Roy, & d'un Greffier, pour composer la Jurisdiction dudit Grenier.

Du 29 Janvier 1743.

* Arreſt du Conſeil , qui ordonne que toutes les inſtances &
affaires reſtantes du Bail de feu Pierre Carlier , Adjudicataire
des Fermes Générales Unies , ſeront continuées, repriſes &
pourſuivies, inſtruites , jugées & réglées ſous le nom de Nicolas-
Adrien Bonnemain en la maniere accoutumée , comme elles
l'auroient pû être ſous le nom dudit Carlier.

Du premier Février 1743.

* Délibération pour donner au mérite les Places de Capitaines Généraux, Commandans, Brigadiers & autres Employs
dans les Brigades, ſans égard aux Protections ni aux Nomina-
teurs, dans les lots deſquels les Employs ſe trouveront lors des
vacances.

Du premier Février 1743.

Arreſt Contradictoire de la Cour des Aydes , confirmatif
d'une Sentence du Grenier à Sel de Laval du 26 Novembre
1742, par laquelle les nommés François Ducheſne , dit Songe-
long tems , & Jean Verger , ont été condamnés aux galeres ,
pour vol de Sel audit Grenier , dans lequel un des deux eſt
entré par une feneſtre à l'aide de l'autre ; & ſur le requiſitoire
de M. le Procureur Général , deffend aux Officiers des Greniers à Sel de prononcer ſur les Requeſtes qui leur ſeront pre-
ſentées par les Faux-ſauniers , aux fins de converſion de l'a-
mende en la peine du fouet & de la marque du G , ſauf auſdits
Officiers à faire droit ſur les Requeſtes qui leur ſeront preſen-
tées par leſdits Faux-ſauniers , à fin d'élargiſſement de leurs
perſonnes , conformément aux Déclarations du Roy des 5
Juillet 1704, 26 Décembre 1705 , & premier Mars 1723.

Du 5 Février 1743.

Arreſt du Conſeil, qui commet le Sieur Levet, Commiſſaire du Conſeil à Valence, pour inſtruire & juger le procès aux nommés Jean Jean, la Vallette, Daudé & à la Femme du nommé Jean Valſeugue, pour raiſon du Faux-ſaunage, rebellion, violences & mauvais traitemens mentionnés au procès-verbal des Employés de la Brigade ambulante des Fermes au Poſte du Cayla en Languedoc, du 7 Décembre précédent, à l'occaſion d'une ſaiſie de trente-une livres de Faux Sel, faite à la Côte de S. Jean de Breuil en Rouergue ſur ledit Jean Jean, arrêté & ſpolié des mains deſdits Employés.

Du 5 Février 1743.

Arreſt du Conſeil, qui commet le Sieur Levet, Commiſſaire du Conſeil à Valence, pour inſtruire & juger le procès tant aux nommés la Croix & Reparoix, Voituriers, du lieu de Greſes, & à un Particulier ſe diſant Maréchal, Hôte & Débitant de Tabac audit lieu, qu'au Frere dudit Reparoix, & aux nommés Ricard Pradal, Travailleur ; Tourouillet, Tiſſerant ; Coybé, Tiſſerant, Marly, Travailleur, Gendre de Pegol, & Peret, Chirurgien, Habitans de S. Pierre de Toirac, pour raiſon du Fauxſaunage, rebellion, violences & mauvais traitemens mentionnés au procès-verbal des Employés de la Brigade des Fermes à Figeac en Quercy, du 5 Janvier précédent, duquel il reſulte une ſpoliation de trois Faux-Sauniers que les Employés avoient arrêtés, ainſi que du Sel ſur eux ſaiſi en Campagne.

Du 12 Février 1743.

Arreſt du Conſeil, qui commet M. l'Intendant d'Alençon, pour faire l'adjudication au rabais & moins diſant des reparations & refections néceſſaires aux Greniers à Sel de Carrouges, ainſi qu'au dépôt & conciergerie en dépendans, du prix deſquelles reparations l'Entrepreneur ſera payé ſur les Ordonnances dudit Sieur Intendant par Jacques Forceville, Adjudicataire des Fermes Générales Unies, auquel il en sera tenu compte sur le prix de son Bail.

Du 12 Février 1743.

Arrest du Conseil, sur la Requeste de Jacques Forceville, Adjudicataire des Fermes Générales Unies, tendante à la cassation de deux Sentences du Grenier à Sel de Laval du 14 Janvier précédent, pour avoir renvoyé absous les nommés André Heaulmé, demeurant au Village du bas de la Hune, Paroisse de Barouges & Florent Vanmer, du Village de Hardry, Paroisse de Courteville, sous prétexte que le faux Sel saisi dans des endroits de leurs maisons, ne fermoient point à clef ; ordonne que ladite Requeste leur sera communiquée pour y fournir de réponse dans le délai de l'Ordonnance, sinon sera fait droit.

Du 12 Février 1743.

Arrest du Conseil, qui approuve les grosses reparations faites à l'Hôtel des Fermes rue de Grenelle à Paris, sur les ordres du Sieur de Cotte, Commis à l'Inspection & Controlle des Bâtimens dépendans des Fermes du Roy ; ordonne que les Ouvriers qui ont fait lesdits ouvrages, seront payés sur les Mémoires arrêtés par ledit Sieur de Cotte, montant ensemble à vingt-un mille deux cens soixante deux livres dix-huit sols quatre deniers, par Jacques Forceville, Adjudicataire des Fermes Générales Unies ; pour valeur de laquelle somme il sera expédié une Ordonnance de comptant sur le Garde du Trésor Royal, qui sera convertie en une quittance comptable à la décharge du prix du Bail dudit Forceville.

Du 19 Février 1743.

Arrest du Conseil, qui commet le Sieur Levet, Commissaire du Conseil à Valence, pour instruire & juger le procès au nommé Pierre Bernon, dit Brunet, Garde des Fermes de la

Brigade

Brigade d'Arfeuil, Direction de Moulins, pour raison de l'infidélité par lui commise dans les fonctions de son Emploi, en insinuant à plusieurs Capitaines Généraux assemblés avec cent cinquante hommes, de ne point attaquer une Bande de Faux-Sauniers dans les Salorges où ils devoient charger du Sel, mais de les attendre un jour qu'il indiqua, dans un endroit avantageux pour les prendre tous, quoiqu'il fût certain que ces Faux-Sauniers dussent passer dans l'endroit indiqué deux jours avant le rendez-vous.

Du 20 Février 1743.

* Arrest de la Cour des Comptes, Aydes & Finances de Montpellier, qui déboute les Sieurs Michel Blanc, & Héritiers Riberolles, de la demande par eux formée en décharge du cautionnement qu'ils avoient fourni à Forceville, Fermier des Domaines, Controlle des Actes & Droits y joints des Généralités de Montpellier, Toulouse & autres, pour sûreté de la Recette du Sieur Jean Blanc, Commis Buraliste à Toulouse.

Et condamne lesdits Michel Blanc & Héritiers Riberolles, solidairement au payement de la somme de dix mille livres, conformément à leur cautionnement, avec les intérêts d'icelle du jour de l'Arrest ; à quoi faire lesdits Jean & Michel Blanc seront contraints par toutes voyes & par corps , & lesdits Héritiers Riberolles par toutes voyes dûes & raisonnables, & les uns & les autres aux dépens solidairement.

Du premier Mars 1743.

* Arrest de la Cour des Aydes, confirmatif d'une Sentence de la Jurisdiction des Gabelles de Paris du 9 Mars 1742, par laquelle le nommé Denys Villot, Juré Mesureur en titre au Grenier à Sel de ladite Ville, a été condamné à un banissement de trois années, à se défaire de son Office, en cent livres d'amende envers le Roy, en mille livres de dommages, intérêts & reparations civiles envers l'Adjudicataire des Fermes, & aux dépens du procès, pour avoir volé huit livres dix onces de Sel sur la masse en vente, en faisant les fonctions de son Office,

Du 6 Mars 1743.

* Jugement de la Commission du Conseil, établie à Rheims, qui condamne le nommé Pierre Braun, demeurant ordinairement au Village de Moner, Province des trois Evêchés, en cinq années de galeres & en mille livres d'amende, pour crime de Faux-saunage & Contrebande en Tabac, avec attroupement au-dessus du nombre de cinq sans armes.

Du 6 Mars 1743.

* Jugement de la Commission du Conseil, établie à Rheims, qui condamne le nommé Arnoult Robert, Bourrelier du Village de la Ferté, Prévôté de Carignan, en trois années de galeres ; & le nommé Jean Colson, Berger du Village de Marget près S. Valfroy, en trois années de banissement, & en cinq cens livres d'amende chacun, & solidairement, pour les cas de Faux-Saunage, & Contrebande en Tabac.

Du 7 Mars 1743.

* Jugement de la Commission du Conseil, établie à Rheims, qui condamne Marie-Françoise Robert, Femme de Jean le Roy, Manouvrier du Village de Morlange en Lorraine, à être fustigée & bannie pour cinq ans, & en cinq cens livres de dommages & intérêts, pour attroupement, voyes de fait, violences & mauvais traitemens exercés sur les Employés des Fermes ; & ordonne que les décrets de prise de corps décernés contre plusieurs Habitans dudit lieu de Morlange, seront exécutés.

Du 8 Mars 1743.

* Jugement de la Commission du Conseil, établie à Rheims, qui condamne le nommé Etienne Barbier, dit Prévost, du Village d'Autrebois en Picardie, en trois années de galeres, & en cinq cens livres d'amende, pour les cas de Contrebande & Faux-saunage.

Du 9 Mars 1743.

* Jugement de la Commiſſion du Conſeil, établie à Rheims, qui condamne au blâme les nommés Jean Joly, & Jean-Baptiſte-Thomas Vallenbert, du Village de Rubenpré en Picardie, & déclare ledit Joly indigne & incapable d'exercer aucune Charge ni fonction publique, pour avoir, en qualité de Témoins, tû la vérité en Juſtice.

Du 11 Mars 1743.

* Jugement de la Commiſſion du Conſeil, établie à Rheims, qui condamne le nommé Pierre Triquemaux, du Village d'Hirſon en Tierache, en neuf années de galeres, & en mille livres d'amende, pour Contrebande en Tabac & Faux-Saunage, avec attroupement au nombre de cinq ſans armes, & pour cas de recidive.

Du 11 Mars 1743.

* Jugement de la Commiſſion du Conſeil, établie à Rheims, qui condamne le nommé Antoine Beauval, Manouvrier du Village de Berneuil en Picardie, en cinq années de galeres, & les nommés Michel Macron & Auguſtin Macron, du même lieu, en cinq années de banniſſement & ſolidairement en mille livres d'amende chacun, pour Faux-ſaunage, avec attroupement au deſſus du nombre de cinq, ſans armes.

Du 12 Mars 1743.

* Arreſt du Conſeil, qui déclare commun pour le Port de Gravelines, celui du 16 Juin 1722, par lequel le Droit Local de trente ſols eſt modéré à vingt-cinq ſols par Raziere de Sel du poids de marc de 250 livres, venant de Brouage, Iſles de Ré & d'Oleron, Poitou, Aunis & Bretagne, à la deſtination du Calaiſis, de l'Artois, du Boulonnois, & des Provinces du Pays conquis, à condition que les Marchands & Voituriers ſeront tenus de

fe fournir eux-mêmes de facs néceffaires, conformément audit
Arreft du 16 Juin 1722.

Du 14 Mars 1743.

* Jugement de la Commiffion du Confeil, établie à Rheims,
qui condamne les nommés Dominique Honbart, du Village
de Fienviller en Picardie, & Jean-François Roux, du Village
de Berneuil, même Province, en cinq années de galeres, &
folidairement en mille livres d'amende chacun, pour crime de
Faux-faunage, avec attroupement au-deffus du nombre de cinq
fans armes.

Du 14 Mars 1743.

* Jugement de la Commiffion du Confeil, établie à Saumur,
qui condamne Jacques Langevin, dit Tanliat, de la Paroiffe
de Preuillé en Anjou, à être pendu pour crime de Faux-faunage
avec attroupement au nombre de cinq & au-deffus, & meurtre par lui commis.

Du 16 Mars 1743.

* Jugement de la Commiffion du Confeil, établie à Rheims,
qui condamne le nommé Louis Loy, dit l'Opérateur, fe di-
fant Chirurgien, demeurant à la Ferme de Plaifance, Paroiffe
de Vienne-le-Château en Clermontois, en neuf années de galeres, & en mille livres d'amende, pour les cas de Contrebande
& de Faux-Saunage avec attroupement au nombre de cinq &
au-deffus.

Du 19 Mars 1743.

* Jugement de la Commiffion du Confeil, établie à Rheims,
qui condamne à être fuftigé, flétri, & en cinq années de galeres le nommé Lambert Blihot, natif de Martincourt en Clermontois, pour les mauvaifes manœuvres, perfidies, & autres
cas refultans du procès; & Nicolas Morel, dit Boille, ci-devant
Capitaine Général des Fermes du Roy au Pofte de Carignan,
à faire amende honorable, & aux galeres perpétuelles, pour

avoir autorisé lesdites manœuvres, avoir fait un faux procès-verbal, & avoir obligé ses Employés de le signer & de l'affirmer.

Du 22 Mars 1743.

* Jugement de la Commission du Conseil, établie à Rheims ; qui condamne le nommé Jean - Baptiste Poulet, du Village de Consenvoye en Verdunois, à être rompu vif, pour assassinats, meurtre, vols, rebellions & crime de Contrebande en Tabac & Faux-saunage, avec attroupement & port d'armes.

Du 26 Mars 1743.

* Déclaration du Roy, qui permet aux Officiers de la Chambre des Comptes de Paris, de juger les comptes des exercices pairs & impairs dans les Semestres de Janvier & de Juillet, sans aucune distinction ni différence d'années d'exercice, jusqu'à ce qu'il en soit autrement ordonné. *Registrée en la Chambre des Comptes, le 3 Mars 1743.*

Du 26 Mars 1743.

Arrest du Conseil, qui commet le Sieur Heriard, Commissaire du Conseil à Saumur, pour instruire & juger le procès tant au nommé Cochelin, Métayer du lieu appellé la Chanviniere en Bretagne, qu'aux nommés Pierre Houtebinne, Mathurin Courier, Jacques Gaultier, François Bachelier, Gilles-François-René Gaudin, Jacques Quenieu, Pierre Guilleu, Mathurin Guilleu, René Patrain, Jacques Megret, Mathurin Tonnelier, & Mathurin Trottier, Faux-sauniers arrêtés avec treize sacs de Sel chez ledit Cochelin le 6 du même mois par les Employés des Fermes en Anjou.

Du 26 Mars 1743.

Arrest du Conseil, pour imposer au marc la livre de l'impost du Sel sur les Habitans de la Paroisse de Neuvy Paillou, ressort du Grenier à Sel d'Issoudun en l'année 1743, une somme de deux cens quatre livres six deniers, pour frais avancés par les nommés René David & Antoine Villain, principaux Habitans, dans une Instance contre les Collecteurs de l'Impost du Sel de ladite Paroisse en l'année 1741, pour raison des abus dont lesdits Collecteurs ont été convaincus, tant par une Sentence du Grenier d'Issoudun du 14 Novembre 1741, que par un Arrest de la Cour des Aydes, confirmatif d'icelle du 22 Aoust 1742.

Du 27 Mars 1743.

* Jugement de la Commission du Conseil, établie à Valence, qui condamne Pierre Couparet, dit Berthaud, Blanchard, Pierrot & le petit Pierrot, du lieu de Verthaizon en Auvergne, à être rompu vif, pour crime de Faux-saunage, avec attroupement & port d'armes, & pour excès, violences, voyes de fait, meurtres & cruautés.

Du 2 Avril 1743.

Arrest du Conseil, qui commet le Sieur Levet, Commissaire du Conseil à Valence, pour juger le procès à ceux qui seront prévenus de Contrebande & de Fauxsaunage, ensemble à ceux qui ne feront que le Faux-saunage seulement à port d'armes ou sans armes, attroupés au nombre de cinq & audessus, même aux Marchands qui auront vendu le faux Sel, & aux Complices, Fauteurs, Participes ou Adhérans de tous lesdits faits, circonstances & dépendances.

Du 2 Avril 1743.

Arrest du Conseil, qui proroge pendant trois années, à compter du 12 desdits mois & an, l'attribution donnée à M. Barentin, Intendant de la Rochelle, par celui du 12 Avril 1740, pour, conjointement avec les Officiers du Présidial de ladite Ville, ou ceux de la Sénéchaussée de Saintes, juger souverainement les Auteurs des vols de Sel qui se commettront pendant ledit tems, soit le jour ou la nuit, tant sur les Marais salans des Provinces de Saintonge & d'Aunis, que sur ceux des

Isles de Ré & d'Olleron, ainsi qu'à tous les Complices, Receleurs, Fauteurs, Participes ou Adhérans desdits vols, circonstances & dépendances.

Du 9 Avril 1743.

*Déclaration du Roy, portant Réglement pour l'exercice & les fonctions des Employés des Fermes du Roy dans l'étendue du Pays d'Artois, Cambresis & du Haynault, limitrophes à la Picardie & au Soissonnois, & pour prévenir les fraudes qui peuvent être commises au préjudice des Droits desdites Fermes, à la faveur des Priviléges dont jouissent les Habitans desdites Provinces d'Artois, Cambresis & Haynault, *contenant 27 Articles.*
Registrée en la Cour des Aydes, le 24 May 1743.

Du 9 Avril 1743.

Arrest du Conseil, qui releve le Sieur Petit-Jean, Président du Grenier à Sel de Langres, de l'interdiction contre lui prononcée par autre Arrest du Conseil du 22 Novembre 1740, & lui enjoint d'être à l'avenir plus circonspect dans les fonctions de sa Charge, & de se conformer aux dispositions des Réglemens, sous telles peines qu'il appartiendra.

Du 13 Avril 1743.

Arrest du Conseil, qui confirme l'Ordonnance des Députés Généraux & Ordinaires des Etats d'Artois du 28 Février 1742, rendue en conséquence de la Délibération prise en l'Assemblée générale desdits Etats, tenue au mois de Novembre 1741, contenant différentes dispositions tendantes à prévenir & arrêter, dans l'intérieur de ladite Province, les fraudes qui s'y pouvoient commettre en contravention aux Ordonnances, pour y acheter ou vendre du Sel & du Tabac, & les faire passer dans les Provinces où la Ferme des Gabelles & le Privilége exclusif de la Vente du Tabac ont lieu, sans néanmoins déroger à tout ce qui peut avoir été précédemment ordonné par le Roy, son Conseil, les Commissaires départis, ou les Députés Généraux

& Ordinaires des Etats d'Arrois, pour prévenir, dans l'intérieur de cette Province, les fraudes qui s'y pouvoient commettre au préjudice des Fermes des Gabelles & du Tabac.

Du 13 Avril 1743.

* Arrest du Conseil, & Lettres Patentes, *registrées en la Cour des Aydes, le 24 May suivant*, qui réunissent à la Province de Picardie plusieurs Paroisses enclavées dans celle d'Artois, & à la Province d'Artois plusieurs Paroisses enclavées dans celle de Picardie, avec les Arrests du Conseil des 8 Septembre 1739, & 10 May 1740, & le Jugement des Commissaires du Conseil du 27 Juillet 1741, concernant lesdites enclaves.

Du 16 Avril 1743.

Arrest du Conseil, qui liquide à la somme de cinq cens seize mille cent livres seize sols six deniers, l'indemnité dûe à Jacques Forceville, Adjudicataire des Fermes Générales Unies, pour lui tenir lieu des Droits sur les Marchandises & autres effets mentionnés aux passe-ports expédiés par ordre du Roy pendant la troisiéme année de son Bail.

Du 16 Avril 1743.

Arrest du Conseil, qui subroge le Sieur le Boucher, Subdélégué Général de l'Intendance de Franche-Comté, pour, pendant l'absence de M. de Vanolles, nommé à l'Intendance de l'Armée en Baviere, connoître de toutes les affaires concernant la nouvelle Saline établie à l'Etang du Saloir près Montmorot, & des Bois qui y sont affectés.

Du 23 Avril 1743.

Arrest du Conseil, sur la Requeste de Jean Mirsin, Antoine Totin, Nicolas Gilquier de Parigny, & Nicolas Halez l'aîné, Huissiers Priseurs-Vendeurs de Meubles, & Commissaires aux Ventes à Paris, tendante à être maintenus dans le Droit de

faire

faire les Ventes des Meubles des Redevables des Droits des
Fermes, au préjudice du Droit qu'a le Fermier de faire faire
lesdites Ventes par tels Huissiers que bon lui semblera ; ordonne que ladite Requeste sera communiquée à Jacques Forceville, Adjudicataire des Fermes Générales Unies, & à Gilles
Landoy, premier Huissier Audiencier en l'Election de Paris,
pour y fournir de réponse dans le délai de l'Ordonnance, avec
deffenses aux Parties de se pourvoir pour raison de ce ailleurs
qu'au Conseil.

Du 24 Avril 1743.

*Jugement de la Commission du Conseil, établie à Valence,
qui condamne Joseph Brunet & Pierre Gaillard, de la Paroisse
de Cratis en Bugey, chacun solidairement en deux cens livres d'amende, pour avoir fait le Faux-saunage, portant leur
Sel à col au nombre de trois seulement ; Antoine Guillet, Laboureur, du lieu de Marcherieu, Paroisse S. Vincent de Nat-
tage, aussi en Bugey, à cinq années de galeres ; Antelin Mar-
tinot, fermier du Domaine de Pré Carraz appartenant aux Char-
treux, Pierre Chatel, & Claude Guillet, fils dudit Antoine,
à neuf années aussi de galeres, pour les cas de rebellion par
eux faite à deux Employés qui conduisoient lesdits Brunet &
Gaillard ; & pour excès, mauvais traitemens & vols.

Du 30 Avril 1743.

Arrest du Conseil, qui casse une Sentence de la Jurisdiction
des Gabelles d'Eu & Treport, du 29 Octobre 1741, pour avoir
obligé le Receveur du Grenier à Sel de ladite Ville à délivrer
du Sel au prix Marchand au nommé Jacques Hugmard, se di-
sant Marchand Pêcheur, parti du Port du Pollet, Fauxbourg
de Dieppe, sous prétexte d'aller à la Pêche, & débarqué audit
Treport, pour saler du Harang qu'il étoit soupçonné avoir
acheté des Anglois en Mer ; ordonne que les Pêcheurs du Treport ne pourront exiger du Sel de Franchise pour la salaison
des Poissons de leurs Pêches, que dans les lieux de leurs domi-
ciles, & que s'ils conduisent leurs Poissons dans d'autres Ports
que ceux d'où ils seront partis, ils seront tenus, ainsi que ceux

qui acheteront lefdits Poiffons pour les faler, d'y payer au prix du Grenier, le Sel dont ils auront befoin pour la falaifon defdits Poiffons.

Nota. Cet Arreft juge que les Marchands Pécheurs, & ceux qui achetent les Poiffons de leurs Pêches, ne peuvent jouir du Sel de Franchife au prix Marchand, que dans le Grenier dans le reffort duquel ils font domiciliés, & d'où ils partent pour la Pêche, & que quand ils abordent dans le reffort d'autres Greniers, ils doivent prendre le Sel dont ils auront befoin pour la falaifon de leurs Poiffons, & le payer au prix qu'il fe vend audit Grenier.

Du 7 May 1743.

* Délibération de Meffieurs les Intéreffés au Bail de M. Jacques Forceville, Adjudicataire des Fermes Générales Unies. Pour la Régie des dépofts de Rouen, Dieppedalle, Honfleur, Caen & S. Vallery fur Somme. *Contenant 41 Articles.*

Du 7 May 1743.

Arreft du Confeil, qui caffe deux Sentences de la Jurifdiction des Gabelles de Laval du 14 Janvier précédent, pour avoir feulement prononcé la confifcation du faux Sel trouvé chez les nommés André Heaulmé & Fleurent Vannier, Habitans des Villages du bas de la Hune & d'Hardy, & condamne le Fermier aux dépens, fous prétexte que les endroits où le Sel a été faifi ne fermoient point à clef; confifque de nouveau le faux Sel, & condamne lefdits Heaulmé & Vannier chacun en deux cens livres d'amende, & aux dépens.

Du 7 May 1743.

Arreft du Confeil, pour faire expédier au profit de Jacques Forceville, Adjudicataire des Fermes Générales Unies, une Ordonnance de comptant fur le Garde du Tréfor Royal de la fomme de huit cens quatre-vingt-quinze livres feize fols huit deniers, à laquelle monte la difference du prix de cinq cens minots de Sel fournis par fupplément à la République de Valais, pendant l'année 1742, par ledit Forceville.

Du 14 May 1743.

Arrest du Conseil, qui commet le Sieur le Boucher, Sub-délégué Général de l'Intendance de Franche-Comté, pour instruire & juger le procès aux Auteurs, Fauteurs, Complices, Participes ou Adhérans des violences, voyes de fait & mauvais traitemens exercés le 4 Avril précédent dans le Village de Quers, Bailliage de Vezoul, contre le nommé Vienot & trois Employés des Fermes de la Brigade ambulante dudit lieu, & du meurtre commis en la personne de François Brasseur, Cavalier au Régiment du Roy.

Du 14 May 1743.

Arrest du Conseil, qui commet le Sieur Heriard, Commissaire du Conseil à Saumur, pour instruire & juger le procès tant au Métayer de la Métairie appellée la Chetiviere, Paroisse de la Chapelle du Gener, qu'aux autres Auteurs & Complices du meurtre commis dans la Grange dudit Métayer, de deux Employés des Fermes de la Brigade de S. André de la Marche, du nombre de quatre qui s'y étoient retirés pour y passer la nuit.

Du 15 May 1743.

* Jugement de la Commission du Conseil, établie à Valence, qui condamne les Syndics, Manans & Habitans de la Communauté de Porcey en Charollois, en l'amende de cinq cens livres, pour n'avoir pas sonné le tocsin, le 4 Janvier dernier, lors du passage d'une Bande de Faux-sauniers armés audit lieu de Porcey, qui s'y arrêterent pendant deux heures.

Du 18 May 1743.

* Arrest notable de Nosseigneurs de la Cour des Aydes, qui condamne solidairement comme Calomniateurs le Sieur Francois Cortes, Controlleur au Grenier à Sel de Luzy, & le Sieur Denis Nault, Substitut de M. le Procureur Général au même

Grenier à Sel, en fix mille livres de dommages & intérts envers le Sieur Philippes Balmain, Grenetier au mém Grenier à Sel, les condamne à mettre un acte au Greffe de la
pat lequel ils déclareront qu'ils reconnoiffent les Sieurs Balmain & Regnard pour gens de bien & d'honneur, & non
entachés des injures & calomnies contre eux proférées, leur
fait défenfes de récidiver fous plus grande peine ; ordonne que
les termes injurieux repandus dans la Requefte du Sieur François Cortes, du 30 Avril de la prefente année 1743, demeureront fupprimés ; les condamne folidairement aux dépens ;
condamne en outre ledit Sieur François Cortes perfonnelle-
ment en mille livres de dommages & intérefts envers la Dame
Regnard, reçûe Partie intervenante, à lui faire reparation, & à
la reconnoître pour femme de bien & d'honneur non entachée
des injures & calomnies par lui proférées contre elle, lui fait
pareillement défenfes de récidiver fous plus grande peine, & le
condamne aux dépens de l'intervention & demande.

Du 28 May 1743.

Arreft du Confeil, qui commet le Sieur Heriard, Commiff-
faire du Confeil à Saumur, pour inftruire & juger le procès
tant au nommé Urbain le Roy, Clofier au Village de la Gue-
retieres, Paroiffe de Châtillon, dans la maifon duquel il a été
faifi des Chairs falées, qu'à fes Complices, Fauteurs, Participes ou Adhérans des rebellion, violences & voyes de fait
exercées le 26 Avril précédent contre les Employés des Fermes de la Brigade d'Ambrieres, Direction de Laval, qui ont
fait ladite faifie, circonftances & dépendances.

Du 4 Juin 1743.

Arreft du Confeil, fur la Requefte de Jacques Forceville,
Adjudicataire des Fermes Générales-Unies, tendante à la caf-
fation d'une Sentence de la Jurifdiction des Gabelles de Laval
du 6 May précédent, pour n'avoir prononcé que la confifcation de huit livres de faux Sel faifi dans l'écurie du nommé Jacques Bry, Meûnier, demeurant au Geneft, fans le condamner

en l'amende de deux cens livres par lui encourue , & ce sous pretexte que l'écurie ne fermoit point à clef; ordonne que ladite Requeste sera communiquée audit Bry pour y fournir de réponse dans le délai du Réglement, sinon sera fait droit.

Du 4 Juin 1743.

Arrest du Conseil, qui commet le Sieur Levet, Commissaire du Conseil à Valence, pour instruire & juger le procès aux Auteurs des violences & mauvais traitemens exercés le 12 May précédent contre les Employés des Fermes des Brigades ambulantes établies au Mont S. Vincent & Paray , & de la rixe arrivée entre les nommés Moreau, Flament & autres, & lesdits Employés , dans le lieu de Conches.

Du 10 Juin 1743.

Arrest du Conseil , qui admet M. Mazade de Beaubigny dans les Fermes Générales à la place de Monsieur son Pere.

Du 10 Juin 1743.

Arrest du Conseil , qui admet M. de Cuisy dans la Ferme Générale à la place de M. de la Porte.

Du 10 Juin 1743.

* Jugement de la Commission du Conseil , établie à Saumur, qui condamne Mathurin Douxami, Cabaretier au Bourg de Châlon, Province du Maine , en trois années de galeres, & Louise Massiere, sa femme, à un bannissement de trois années, pour avoir donné retraite à des Faux-sauniers dans leur Cabaret, & avoir fait rebellion aux Employés.

Du 10 Juin 1743.

* Jugement de la Commission du Conseil , établie à Saumur, qui condamne Guy Frenelon, Tisserand, de la Ville de Laval,

en cinq années de galeres, pour crime de Faux-saunage, avec
attroupement au nombre de cinq & au-deffus, & fans armes.

Du 11 Juin 1743.

* Jugement de la Commiffion du Conſeil, établie à Saumur,
qui condamne Louis Ramier, du lieu de la Poſiere, Paroiſſe de
Feneu en Anjou, en neuf années de galeres, pour crime de
Faux-faunage, avec attroupement au nombre de cinq & au-
deſſus, à cheval & fans armes.

Du 11 Juin 1743.

Arreſt du Conſeil, qui commet M. l'Intendant de Rouen
pour faire procéder à la viſite, au devis & à l'adjudication des
reparations à faire aux Bâtimens des Dépoſts des Sels de Rouen,
appartenans au Roy, du prix deſquels Ouvrages les Entrepreneurs feront payés ſur les Ordonnances dudit Sieur Intendant,
par Jacques Forceville, Adjudicataire des Fermes Générales
Unies, auquel il en ſera tenu compte ſur le prix de ſon Bail.

Du 12 Juin 1743.

* Sentence des Prevoſt des Marchands & Echevins de la
Ville de Paris, qui condamne le nommé Loriau, Regratier à
la halle, au Panier Fleury, vis-à-vis le Pilory, en trente livres
d'amende, pour avoir eu dans ſa boutique, pour ſon commerce, un litron marqué à la lettre C, & non à la lettre E, qui eſt
celle de l'année courante, & avoir injurié Morel, Rolland &
Thomas, Jurés Meſureurs de Sel, & Etalonneurs des Meſures
de bois, & qui lui fait deffenſes de récidiver, ſous plus grandes
peines.

Du 24 Juin 1743.

Arreſt du Conſeil, qui commet M. Meliand, Intendant de
la Généralité de Soiſſons, pour faire l'adjudication des nouvelles réparations néceſſaires au Grenier à Sel de Cormicy &
à la Barriere de Condé ſur Suipe, appartenans au Roy, de

prix defquelles les Entrepreneurs feront payés fur les Ordonnances dudit Sieur Intendant, par Jacques Forceville, Adjudicataire des Fermes Générales Unies, auquel il en fera tenu compte fur le prix de fon Bail.

Du 24 Juin 1743.

* Arreft du Confeil, & Lettres Patentes, *regiftrées en la Cour des Aydes, le 2 Aouft fuivant*, portant Réglement pour l'impofition, levée, perception & régie des Droits des Cinq Groffes Fermes, Gabelles, Tabac, Aydes, Domaines, & autres dépendans des Fermes & Sous-Fermes dans les Paroiffes, Villages, Hameaux, Fermes & Cenfes réunis à la Province de Picardie, par Arreft & Lettres Patentes du 13 Avril 1743. *Contenant 11 Articles.*

Du 24 Juin 1743.

Arreft du Confeil, qui ordonne, conformément à celui du 13 Avril précédent, que les Habitans & Biens-tenans des Paroiffes, Villages, Hameaux, Fermes & Cenfes de Vaux, Haravefne, Raye, Rapechy, Noeux, Rollepot, Ligny, Rafche, Fortel, Drucas, Ligny-Prieuré, le Quefnoy, Fondeval, Laveron, Duplanty, Dufedoy, Brimeux, l'Epinoy, Villers-l'Hôpital, l'Abbaye de Dommartin, & les Parties de Dompierre, la Broye & Villancourt, qui font au-de-là de la Riviere d'Authie, du côté de l'Artois, & enclavées dans ledit Pays ou limithrophes de la Province de Picardie, demeureront à l'avenir affujettis à toutes les impofitions qui fe levent par les Etats d'Artois ; au moyen de quoi lefdits Habitans jouiront des mêmes Droits & Priviléges dont jouiffent les autres Habitans d'Artois, & feront exempts de toutes les Impofitions qui fe levent en Picardie.

Du 24 Juin 1743.

Arreft du Confeil, pour faire contribuer aux Impofitions qui fe levent dans la Province d'Artois, les Habitans des Paroiffes, Villages, Hameaux, Fermes & Cenfes déclarés faire partie

de ladite Province, par celui du 13 Avril précédent , & attribue à l'Election Provinciale d'Artois la connoissance des contestations au sujet desdites Impositions, & pour fait de Noblesse,
& par appel en dernier ressort au Conseil d'Artois.

Du 26 Juin 1743.

* Sentence du Bureau de l'Hostel de Ville de Paris, qui condamne la Veuve Quillet , Marchande Grainetiere a la Halle à
la Farine , en vingt livres d'amende , pour s'être trouvé chez
elle un Boisseau marqué à la lettre Z, un autre à la lettre C,
un demi Quart à lettre D, au lieu de la lettre E, qui est celle
de l'année courante, & un Litron non marqué ; & qui lui fait
deffenses de récidiver, sous plus grandes peines.

Du 2 Juillet 1743.

Arrest du Conseil, qui commet M. l'Intendant de Rouen;
pour instruire & juger le procès aux Auteurs, Fauteurs, Complices, Participes ou Adhérans du Faux-Saunage, & des rebellions, violences & mauvais traitemens exercés contre les
Employés des Fermes du Poste de S. Aubin sur mer , dont
plusieurs ont été dangereusement blessés , ainsi qu'il resulte du
procès-verbal des Employés de la Brigade d'Auville-la Riviere,
qui s'étoient aussi transportés audit Poste de S. Aubin, où le
versement de Sel se faisoit, des 10, 11, 12 & 13 Mars précé-
dens.

Du 6 Juillet 1743.

Arrest du Conseil , qui admet M. Mazade de Beaubigny
dans les Fermes de Loraine à la place de Monsieur son Pere.

Du 16 Juillet 1743.

Arrest du Conseil, qui confirme l'adjudication des reparations à faire pour le retablissement du mur de la voûte des cachots des prisons de Valence , du prix desquelles l'Entrepreneur sera payé sur les Ordonnances de M. l'Intendant en Dauphiné

phiné par Jacques Forceville, Adjudicataire des Fermes Générales Unies, auquel il en sera tenu compte sur le prix de son Bail.

Du 16 Juillet 1743.

Arrest de Cour des Aydes, en forme de Réglement, entre Jacques Forceville, Adjudicataire des Fermes & les Officiers du Grenier à Sel de Laval, au sujet des Epices & Vacations prétendus par lesdits Officiers, qui accorde trente sols aux Juges & vingt sols au Procureur du Roy, pour les Sentences de conversion d'amende en peines afflictives ; six livres ausdits Juges, & quatre livres au Procureur du Roy pour les Sentences de vérification de faux Sel ; fixe à cinquante sols les Epices pour les Sentences de confiscation de faux Sel ; sçavoir, trente sols aux Juges, & vingt sols au Procureur du Roy , & les prive des quarante sols par eux demandés pour les Décrets.

Nota. Le Fermier s'étant pourvû en cassation tant dudit Arrest que de deux autres rendus en faveur des Officiers des Greniers de Tours & S. Pierre-le-Moutier, est intervenu Arrest le 27 Aoust suivant, par lequel le Conseil, en évoquant les trois Instances, a ordonné par provision l'exécution de la Déclaration & du Tarif du 17 Février 1688 ; portant Réglement pour les Epices & Vacations des Juges des Fermes.

Du 20 Juillet 1743.

Arrest de la Cour des Aydes , qui condamne André Dugué, Domestique des Religieux Cordeliers de la Ville de Loches, en neuf années de galeres, en deux cens livres d'amende, en cinq cens livres de reparations civiles & dommages-intérêts au profit du Fermier, pour vol de Sel au Grenier de ladite Ville de Loches, le nommé Jacques Campion pere , Maçon, comvéhémentement suspecté d'avoir participé au vol, & d'en avoir vendu, à être blâmé, en vingt livres d'amende envers le Roy, à deux cens livres envers le Fermier, & condamne pareillement plusieurs autres Particuliers, solidairement avec ceux ci-dessus, en differentes amendes.

Du 23 Juillet 1743.

Arrest du Conseil, qui par grace, & sans tirer à consequence,

releve le Sieur le Moine de Juigny , Grenetier au Grenier à Sel
de Mayenne , de l'interdiction des fonctions de sa Charge prononcée contre lui par Arrest du Conseil du 11 Décembre
1742 , avec injonction d'être à l'avenir plus circonspect dans
l'exercice des fonctions de sa Charge , sous telle peine qu'il appartiendra.

Du 26 Juillet 1743.

* Jugement de la Commission du Conseil , établie à Saumur ,
qui condamne Jacques Megret , Closier à la Closerie de la
Feuillé , Paroisse de la Poise en Anjou , à être pendu pour crime de Faux-saunage , avec attroupement au nombre de cinq
& au-dessus , complice & participant de meurtre.

Du 29 Juillet 1743.

* Jugement de la Commission du Conseil , établie à Saumur ,
qui condamne les nommés Marin l'Evêque , natif de S. Ouen
des Teitz , demeurant à la Viannais , Paroisse de Bourgneuf-la-
Forêt ; & François Forcet , Laboureur , natif de S. Jean sur
Moyenne , demeurant dans la Paroisse d'Andouillé , tous deux
de la Province du Maine , en cinq années de galeres , pour crime de Faux-Saunage , avec attroupement au nombre d'onze
& sans armes.

Du 29 Juillet 1743.

* Jugement de la Commission du Conseil , établie à Saumur ,
qui condamne René Metivier , Boulanger , demeurant à Ro-
cherru en Bretagne , natif de S. Marc de la Jaille , en cinq années de galeres , pour crime de Faux-saunage , avec attroupement au nombre de dix-neuf ou vingt à cheval & sans armes.

Du 29 Juillet 1743.

* Jugement de la Commission du Conseil , établie à Saumur ,
qui condamne les nommés François le Loup , natif de la Paroisse de Courtilly , demeurant dans la Paroisse de la Chapelle
d'Aligné ; & Pierre Pejé , natif de la Paroisse de Pressigné , de-

meurant dans celle de Loye, tous deux de la Province d'Anjou, en cinq années de galeres, pour crime de Faux-saunage, avec attroupement au nombre de cinq & sans armes.

Du 30 Juillet 1743.

Arreſt du Conſeil, qui commet M. Pineau de Lucé, Intendant de Tours, pour continuer l'inſtruction du Procès commencé par M. de Leſſeville, ſon Prédéceſſeur, en exécution de l'Arreſt du Conſeil, du premier Aouſt 1741, contre le Sieur Jean-Baptiſte Blanvillain, Préſident au Grenier à Sel d'Ingrande, accuſé d'avoir fait d'office le rolle de l'Impoſt du Sel de la Paroiſſe de Chalonne, dépendante dudit Grenier, pour l'année 1741, & d'y avoir fait pluſieurs changemens & altérations, non-ſeulement ſur la minute, mais encore ſur l'expédition remiſe aux Collecteurs, & autres faits, circonſtances & dépendances mentionnnées dans une Requeſte preſentée à l'Intendance par les Habitans de ladite Paroiſſe de Chalonne.

Du 30 Juillet 1743.

Arreſt du Conſeil, qui commet le Sieur Levet, Commiſſaire du Conſeil à Valence, pour inſtruire & juger le Procès aux nommés Jean Revene, dit le Sauret, S. Chamas, dit l'Arlequin, & Jean-François Richard, accuſés de Faux-ſaunage en Languedoc, évoque & renvoye audit Sieur Levet l'appel interjetté par ledit Revene à la Cour des Aydes de Montpellier, d'une Sentence de la Juriſdiction des Gabelles de la même Ville, qui le déboute d'une inſcription de faux par lui formée contre le Procès-verbal des Employés des Fermes du 28, Septembre 1742, portant ſaiſie de douze ſacs de faux Sel, & de trois chevaux ſur ſix Particuliers dont il faiſoit partie.

Du 30 Juillet 1743.

Arreſt du Conſeil, qui caſſe une Sentence du Grenier à Sel de Chollet du 11 Mars précédent, pour avoir annullé un Procès-verbal de refus de viſite chez le nommé Louis Hazard,

Notaire Royal à Mortagne, & condamné le Fermier aux dépens, sous prétexte que le Capitaine Général des Fermes, qui étoit avec les Employés, lors de la visite, n'avoit pas fait regiftrer sa Commiffion au Greffe dudit Grenier, quoiqu'il eût justifié avoir prêté serment en celui de Briffac, & que les Commis, qui avoient verbalisé, non plus que l'Huiffier qui a donné l'affignation, n'ont point conclu à une amende, ni daté les Réglemens en vertu desquels le Fermier pouvoit en obtenir une condamnation; évoque l'appel interjetté de ladite Sentence par le Fermier, & faisant droit sur icelui, condamne ledit Hazard, en cent livres d'amende pour son refus de souffrir la visite desdits Employés, & aux dépens.

Du 30 Juillet 1743.

* Ordonnance de M. l'Intendant de la Généralité de Paris, qui renouvelle les deffenses qui sont faites aux Huiffiers, autres que ceux du Conseil, de faire aucune signification d'Actes, Requeftes & Procédures du miniftere desdits Huiffiers du Conseil, à peine de nullité, d'interdiction, de trois cens livres d'amende & de tous dépens, dommages & intérêts.

Du 30 Juillet 1743.

Arreft du Conseil, qui valide la procédure faite en l'absence de Monsieur l'Intendant de Franche-Comté, pour le Bailly de Fougerolles, à l'occasion des injures, excès, voyes de fait, & mauvais traitemens exercés le 11 Mars 1742, tant en la personne d'Antoine Villermin, l'un des Employés des Fermes au Pofte dudit lieu de Fougerolles, qu'en celle des autres Employés du même Pofte de la Brigade de Saint Sauveur, qui étoient accourus aux cris dudit Villermin, jusqu'à la Sentence rendue par ledit Sieur Bailly le 16 Juin 1742, exclusivement, ainsi que les Ordonnances & Jugemens rendus par Monsieur l'Intendant sur le même fait les 11 Juillet, 27 Octobre, 4 & 11 Décembre suivant, évoque & renvoye pardevant le Sieur le Boucher, Subdélégué Général de l'Intendance, les procédures, pour être le tout jugé par ledit Sieur le Boucher, suivant les derniers erremens.

Du premier Aoust 1743.

*Jugement de la Commission du Conseil, établie à Saumur, qui condamne les nommés Mathurin Courier, Pierre Houtebine, René Patrin, François Bachelier, René Gaudin, Mathurin Tonnelier, Jacques Quenieux, Pierre Guilleu, en cinq années de galeres; & les nommés Mathurin Guilleu & Gilles François, en six années aussi de galeres; tous pour crime de Faux-saunage, avec attroupement au nombre de treize, & sans armes.

Du 2 Aoust 1743.

* Jugement de la Commission du Conseil, établie à Rheims, qui condamne les nommés Pierre Bourse, Claude Lavel, & Jean-Baptiste Gaussin, Employés des Fermes du Roy dans les Brigades de Brie, & Eterpigny en Picardie, aux galeres perpétuelles, & solidairement en mille livres d'amende chacun, pour Contrebande en Tabac & Faux-saunage.

Du 2 Aoust 1743.

* Jugement de la Commission du Conseil, établie à Rheims, qui condamne la nommée Catherine le Gris, dite S. Laurent, Veuve de Laurent Fortier, Couturiere du Village de Fey, Evêché de Metz, & demeurante ci-devant audit Metz, à être fustigée, flétrie & bannie pour neuf ans, pour avoir rompu son Ban.

Du 5 Aoust 1743.

* Jugement de la Commission du Conseil, établie à Saumur, qui condamne le nommé André la Niboire, ci-devant Employé des Fermes dans la Brigade de Sceau en Anjou, en neuf années de galeres, pour crime d'infidélité commis dans son emploi, & Jean Thierry, Métayer à la Basserie, Paroisse de la Cornouaille, en trois années de bannissement des Provinces de l'étendue de la Commission, pour avoir favorisé, par son entremise, ledit la Niboire dans ses infidélités.

Du 6 Aouſt 1743.

* Jugement de la Commiſſion du Conſeil, établie à Saumur ; qui condamne Sebaſtien Livert, Cerclier du lieu de Chanteauſſé en Anjou, en cinq années de galeres, pour crime de Faux-ſaunage, avec attroupement au nombre de cinq & au-deſſus, à cheval, & ſans armes.

Du 6 Aouſt 1743.

* Jugement de la Commiſſion du Conſeil, établie à Saumur ; qui condamne René Daguin, de la Paroiſſe d'Huillié, Province du Maine, en ſix années de galeres, pour crime de Faux-ſaunage en récidive, avec attroupement au nombre de dix, armés de frettes.

Du 6 Aouſt 1743.

Arreſt du Conſeil, qui caſſe une Sentence du Grenier à Sel de Laval du 17 Juin précédent, pour avoir ſeulement confiſqué du faux Sel ſaiſi chez le nommé Pierre Sonaſſier, Metayer de la Métairie de Laſme, Paroiſſe de Monflour, & condamné le Fermier aux dépens, ſous prétexte que la Chambre, dans laquelle le faux Sel s'eſt trouvé, ne fermoit point à clef ; confiſque de nouveau le faux Sel, & condamne ledit Sonaſſier en deux cens livres d'amende, & aux dépens faits devant les Juges du Grenier de Laval.

Du 8 Aouſt 1743.

* Jugement de la Commiſſion du Conſeil, établie à Saumur ; qui condamne Pierre Bry, dit le Grand Gars, Cloſier, & Antoine Pineau, Maçon, de la Paroiſſe de Louroux Beconnois en Anjou, en cinq années de galeres, pour crime de Faux-ſaunage, avec attroupement juſqu'au nombre de vingt & ſans armes.

Du 13 Aoust 1743.

'Arrest du Conseil, qui casse une Sentence du Grenier à Sel de Laval du 19 Mai précédent, pour avoir seulement prononcé la confiscation d'environ neuf livres de faux Sel saisi chez Françoise Gautier, Veuve Pierre Bourny, Meûniere à Chantelou, Paroisse de S. Venerand, sans amende & condamné le Fermier aux dépens, sous prétexte que l'écurie dans laquelle le Sel a été saisi, ne fermoit point à clef; confisque de nouveau le Sel, condamne ladite Veuve Bourny en deux cens livres d'amende, & aux dépens faits audit Grenier.

Du 13 Aoust 1743.

Arrest du Conseil, qui casse deux Sentences du Grenier à Sel de Lassay du 20 Décembre précédent, pour avoir renvoyé avec dépens les nommés Hubert Hareau, & François le Chat & leurs Femmes, Habitans des Paroisses de Ham & de Chavaigne, de la demande du Fermier, sous prétexte que le faux Sel saisi chez eux, s'est trouvé dans des étables ou écuries non fermantes à clef; confisque le Sel, & les condamne chacun en deux cens livres d'amende, & aux dépens faits devant les Officiers dudit Grenier.

Du 20 Aoust 1743.

Arrest du Conseil, qui commet le Sieur Heriard, Commissaire du Conseil à Saumur, pour instruire & juger le procès aux nommés Joseph Rochard, René Jamin & Mathurin Poupelart, Faux-sauniers arrêtés chez le nommé Outresson, du lieu de la Gresille, Paroisse d'Ambillon, par les Employés des Fermes de la Brigade de Doué en Anjou, dont un de ces Faux-sauniers a été ci-devant employé dans les Fermes, & un autre qui s'étoit sauvé des prisons de Saumur, le 2 Juin 1742, après avoir été condamné aux galeres.

Du 21 Aoust 1743.

* Jugement de la Commission du Conseil, établie à Valence, qui condamne Jean Colomb, Traiteur & Cabaretier de la Ville de Montferrand en Auvergne, & Marc Goubin, son Gendre, Marchand Epicier & de Sel audit Montferrand ; sçavoir, ledit Colomb en trois cens livres d'amende, pour avoir retiré chez lui des Faux-sauniers qu'il connoissoit pour tels , & leur avoir fourni des vivres & fourages pour leurs chevaux ; & ledit Goubin en cinq cens livres aussi d'amende, pour avoir vendu des Sels ausdits Faux-Sauniers.

Du 22 Aoust 1743.

* Jugement de la Commission du Conseil, établie à Valence ; par lequel Jean Dérat, natif de la Paroisse de Clavenat en Velay, a été condamné en cinq années de galeres, & en trois cens livres d'amende, pour avoir fait le Faux-Saunage, & avoir, lors de sa capture, supposé s'apeller Antoine Neige, & persisté dans cette supposition de nom dans plusieurs actes du procès ; ledit Dérat préalablement marqué par l'Exécuteur de la Haute Justice, sur l'épaule dextre, d'un fer chaud, portant l'empreinte des Lettres G. A. L.

Du 27 Aoust 1743.

Arrest du Conseil, sur la Requeste de Jacques Forceville, Adjudicataire des Fermes Générales Unies, tendante à la cassation de trois Arrests de la Cour des Aydes des 9 Aoust 1729, 23 Juin 1741 & 16 Juillet 1743 , qui accordent des Epices & Vacations aux Officiers des Greniers à Sel de Tours, S. Pierre-le-Moutier & Laval , au-de-là de ce qui leur en est attribué par la Déclaration du 17 Février 1688 , & dans des cas où il ne leur en est point dû ; ordonne la communication de ladite Requeste ausdits Officiers, pour y répondre , & cependant, que ladite Déclaration de 1688 , sera exécutée.

Du

Du 28 Aoust 1743.

* Jugement de la Commission du Conseil établie à Saumur, qui condamne Mathurin Bernard, du Village de Lage du Mont, Paroisse de Baraise, & Jean de la Coutte, dit Bonniau, du Village d'Eguzonet, Paroisse d'Eguzon, Province de la Marche, en cinq années de galeres, pour crime de Faux-Saunage, avec attroupement au nombre de neuf & sans armes.

Du 2 Septembre 1743.

* Jugement de la Commission du Conseil, établie à Saumur, qui condamne Michel Martigné, Journalier, de la Paroisse du grand Oiseau, Province du Maine, en cinq années de galeres, pour crime de Faux-saunage, avec attroupement au nombre de douze, & sans armes.

Du 2 Septembre 1743.

* Jugement de la Commission du Conseil, établie à Saumur, qui condamne Michel Micault, Tisserand ; René Fournier, Journalier, de la Paroisse Courveille, & Julien Piancheneau, Laboureur, de la Paroisse de Pertre, tous de la Province du Maine, en cinq années de galeres, pour crime de Faux-saunage, avec attroupement au nombre de neuf, & sans armes.

Du 2 Septembre 1743.

* Jugement de la Commission du Conseil, établie à Saumur, qui condamne Joseph Lezy, Tisserand, de la Paroisse d'Artillé; & Sebastien le Breton, Tisserand, de la Paroisse de Bonchamps, tous deux de la Province du Maine, en cinq années de galeres, pour crime de Faux-saunage, avec attroupement au nombre de six, & sans armes.

Du 3 Septembre 1743.

* Jugement de la Commission du Conseil, établie à Saumur, qui condamne Pierre Chelle, Tisserand, de la Paroisse de Saint Jean sur Mayenne, Province du Maine, en six années de galeres, pour crime de Faux-saunage en récidive, & avec attroupement au nombre de cinq, & sans armes.

Du 3 Septembre 1743.

* Jugement de la Commission du Conseil, établie à Saumur, qui condamne René Guerin, Fileur de laine, de la Paroisse de la Chapelle d'Erbrée, Province de Bretagne, en cinq années de galeres, pour crime de Faux-saunage, avec attroupement au nombre de cinq, & sans armes.

Du 3 Septembre 1743.

* Jugement de la Commission du Conseil, établie à Saumur, qui condamne Jacques Guy, Marchand de Moutons, de la Paroisse de Maisoncelle, Province du Maine, en six années de galeres, pour crime de Faux-saunage en récidive, avec attroupement au nombre de dix-huit, & sans armes.

Du 4 Septembre 1743.

* Jugement de la Commission du Conseil, établie à Saumur, qui condamne René Gemin, ci-devant Employé des Fermes, en cinq années de galeres, pour avoir fait le Faux-saunage depuis sa révocation; Joseph Rochard, en trois années de galeres; & Mathurin Poupelard, en deux cens livres d'amende, pour les cas de Faux-saunage.

Du 4 Septembre 1743.

* Jugement de la Commission du Conseil, établie à Saumur, qui condamne Ambroise Bigeon, Journalier de la Paroisse d'Au-

douillé, & René Jaſſier, Laboureur, de la Paroiſſe de Chail-
lot, Province du Maine, en cinq années de galeres, pour crime de Faux-ſaunage avec attroupement au nombre de ſix à
ſept, & ſans armes.

Du 5 Septembre 1743.

* Jugement de la Commiſſion du Conſeil, établie à Valence,
qui condamne Antoine Colomb, dit le Gris, du lieu de Beau-
vert en Vivarez, à être pendu, pour les cas de Faux-ſaunage,
& Contrebande en Tabac, avec attroupement & port d'armes
au nombre de cinq & au-deſſus; & pour vols, violences, excès, & autres cas.

Du 7 Septembre 1743.

* Jugement de la Commiſſion du Conſeil, établie à Valence,
par lequel Remy Ociſe, dit Ryard, du lieu de Chauriac en
Auvergne, a été condamné aux galeres perpétuelles, & en
mille livres d'amende, pour les cas de Contrebande, Faux-
ſaunage en récidive, & autres mentionnés au procès.

Du 7 Septembre 1743.

* Arreſt du Parlement, qui ordonne que ſur la ſomme de
onze cens ſoixante-ſept livres un ſol ſix deniers, dépoſée chez
James, Notaire, appartenante au Sieur Salviat, Marchand
de bois à Paris, Jacques Forceville, Adjudicataire des Fermes
Générales, ſera payé par privilége & préférence à tous Créanciers, de deux cens cinquante-cinq livres deux ſols ſix deniers,
intéreſts & frais à lui dûs, pour Droits de Domaine & Barrage, & quatre ſols pour livre, des bois vendus par ledit Sieur
Salviat.

Et qu'après ledit Forceville, les Directeurs & Adminiſtra-
teurs de l'Hôpital Général de Paris, ſeront payés auſſi par privilége & préférence à tous autres Créanciers de deux cens quatre-
vingt-onze livres trois ſols, pour les Droits dûs audit Hôpital,
à cauſe des bois vendus par ledit Salviat, enſemble des intéreſts & frais.

Du 9 Septembre 1743.

* Jugement de la Commission du Conseil, établie à Valence, qui condamne François Miodet, dit Choussat, du lieu de S. Dier en Auvergne, à être pendu, pour Contrebande en Tabac & Faux-Saunage, avec attroupement & port d'armes au nombre de cinq & au-dessus, & pour excès, violences. vols & cruautés par eux exercés.

Du 15 Septembre 1743.

Lettres Patentes du Roy, *Registrées au Parlement & en la Chambre des Comptes, les 26 Novembre & 11 Décembre suivans, & en la Cour des Aydes, le 7 Janvier 1744,* qui prorogent pendant vingt-cinq années, à compter du premier Octobre 1745, en faveur des Sieurs Isaac, Samuel, Pierre, Abraham & Salomon Vanrobais, les priviléges & exemptions accordés à leurs Auteurs pour la Manufacture des Draps fins, façon d'Espagne, Hollande & d'Angleterre par eux établie à Abbeville, permettent aux Nobles d'y prendre intérest, sans déroger à la Noblesse, déclarent lesdits Sieurs Vanrobais, leurs Associés & Ouvriers, Regnicoles, & les dispensent de prendre des Lettres de naturalité; leur accordent huit Minots de Franc-Salé à prendre au Grenier de ladite Ville, en payant le prix Marchand, à condition qu'il sera consommé dans ladite Manufacture, dont il sera tenu compte au Fermier sur le prix de son Bail; ordonnent que sur tous les Draps & Ratines qui seront fabriqués dans ladite Manufacture, les noms desdits Vanrobais, & celui de la Ville d'Abbeville, seront brodés tant au chef qu'à la queue desdits Draps & Ratines, & qu'aux deux bouts de chaque Piéce il sera apposé un Plomb, sur l'un des côtés duquel seront gravées les Armes du Roy, & sur l'autre, ces mots, *Manufacture Royale d'Abbeville,* avec deffenses de contrefaire lesdites Marques & Plombs, à peine de confiscation des Draps & Ratines, & de quinze cens livres d'amende; exemptent des Droits d'Entrées les Laines d'Espagne & autres destinées pour ladite Manufacture; exemptent pareillement des Droits de Sortie tant de l'étendue des Cinq Grosses Fermes, que des Provinces reputées Etrangeres, les Draps & Ratines qui y auront été fabriqués, & ce jusqu'à concurrence de quatre cens Piéces par an seulement, sans que sous ce prétexte lesdits Sieurs Vanrobais puissent jouir dans une année de l'exemption des Droits de Sortie de partie desdites 400 Piéces de Draps & Ratines qui seroient sorties de moins pendant l'année précédente; ordonnent que lesdits Draps auront une liziere bleue avec quatre fils aurore tissus entre les lizieres & le Drap, avec deffenses à tous autres Fabriquans d'imiter & contrefaire lesdites lizieres, à peine de confiscation, & de cinq cens livres d'amende : le tout à la charge par lesdits Sieurs Vanrobais d'entretenir pendant les vingt-cinq années dudit Privilége, cent Métiers, toujours travaillans en Draps fins dans ladite Manufacture.

Du 16 Septembre 1743.

* Jugement de la Commission du Conseil, établie à Valence, par lequel Simond Romagnat, dit Barat & Sebastien Cheminat, tous deux du lieu de Chauriac en Auvergne, ont été condamnés solidairement en trois cens livres d'amende chacun, pour avoir fait le Faux-saunage avec attroupement au-dessous du nombre de cinq, sans armes, avec chevaux, ladite amende conversible en la peine de trois ans de galeres, à deffaut de payement dans le tems & à la forme des Réglemens.

Du 16 Septembre 1743.

* Jugement de la Commission du Conseil, établie à Valence, par lequel Antoine Poisson, dit Pommette & Pommetton, du lieu de Chauriac en Auvergne, a été condamné aux galeres perpétuelles, & en cinq cens livres d'amende, pour avoir fait le Faux-saunage avec attroupement au nombre de cinq & au-dessus, & en récidive ; Pierre Doirier, dit Tatepoule, du lieu de Verthaison, & Pierre Combamignon, dit Clairet, du lieu de Cerzat en Auvergne, ont été condamnés aux galeres pour neuf années, & en trois cens livres d'amende, pour les cas de Faux-saunage, supposition de nom, & autres resultans du procès.

Du 17 Septembre 1743.

Arrest du Conseil, qui commet M. l'Intendant de Picardie, pour faire l'adjudication des reparations à faire au Grenier à Sel d'Albert, appartenant au Roy, du montant desquelles reparations les Entrepreneurs seront payés sur les Ordonnances dudit Sieur Intendant par Jacques Forceville, Adjudicataire des Fermes Générales Unies, auquel il en sera tenu compte sur le prix de son Bail.

Du 17 Septembre 1743.

Arrest du Conseil, qui accepte les offres & propositions faites par Jean Lallemant, Bourgeois de Paris, d'établir une Saline & des Bâtimens de Graduation à Montmorot en Franche-Comté, aux charges, clauses & conditions énoncées aux quarante-deux Articles contenus dans lesdites propositions, & insérés audit Arrest.

Du 17 Septembre 1743.

Arrest du Conseil, pour l'acquisition des Terrains nécessaires à la construction d'une Saline & des Bâtimens de graduations à Montmorot en Franche-Comté, pour y former avec les eaux salées du Puits de Lons-le-Saulnier, & des Etangs du Saloir à Montmorot, au moins la quantité de soixante mille Quintaux de Sel par an, suivant les propositions faites par Jean Lallemant, & acceptées par Arrest du Conseil & Lettres Patentes du même jour, & pourvoir tant aux autres dépenses indispensables auxquelles l'établissement de ladite Saline a donné lieu, qu'à l'affectation des Bois nécessaires à ladite Saline. *Contenant 8 Articles.*

Du 17 Septembre 1743.

Arrest du Conseil, qui confirme le Traité fait entre les Directeurs des Sels de la République de Bern, & les Cautions de Jacques Forceville, Adjudicataire des Fermes Générales Unies, le 19 Décembre 1742, pour fournir annuellement

par lesdits Sieurs Cautions & leurs Successeurs de Bail en
Bail, pendant vingt-quatre années, à compter du premier
Octobre 1744, la quantité de quatre mille Bosses de Sel tiré
des Salines de Salins & livré à la Republique de Bern, à
raison de six livres dix sols le Quintal, & aux autres clauses &
conditions énoncées audit Traité.

Du 17 Septembre 1743.

Arrest du Conseil, qui confirme le Traité passé le 3 Aoust
précédent entre les Directeurs des Sels de la Republique de
Zurich & les Cautions de Jacques Forceville, Adjudicataire
des Fermes Générales Unies, pour fournir annuellement par
lesdits Sieurs Cautions & leurs Successeurs de Bail en Bail,
pendant vingt-quatre années, à compter du premier Octobre
1744, à ladite Republique la quantité de quatre mille Bosses
de Sel tiré des Salines de Salins, & livré à ladite République
à raison de trente-six livres dix sols par Bosse, & aux autres
clauses & conditions énoncées audit Traité.

Du 18 Septembre 1743.

* Jugement de la Commission du Conseil, établie à Valence,
par lequel Claude Deguet, dit le Doujon, du lieu de Pragou-
lin en Auvergne, a été condamné aux galeres à perpétuité,
& en trois cens livres d'amende, pour avoir fait le Faux-saunage, & marché dans des Bandes armés.

Du 19 Septembre 1743.

* Jugement de la Commission du Conseil, établie à Valence,
par lequel Claude Mandel, du lieu de Pouzolle en Bourbonnois, a été condamné aux galeres pour trois années, & en
cinq cens livres d'amende, pour avoir fait le Faux-Saunage, &
Contrebande en Tabac.

Du 23 Septembre 1743.

* Jugement de la Commission du Conseil, établie à Valence, par lequel Antoine Maraval, de la Paroisse de S. Julien dans les hautes Sevennes, a été condamné aux galeres pour cinq années, & en mille livres d'amende, pour avoir fait le Faux-Saunage & la Contrebande.

Du 24 Septembre 1743.

* Jugement de la Commission du Conseil, établie à Valence; par lequel Jeanne Raflin, Veuve de Jean Talu, Cordonnier à Amplepuy, y demeurante, a été condamnée à être battue & fustigée de verges par l'Exécuteur de la Haute Justice dans les places & carrefours de la Ville de Valence, & à l'un d'iceux marquée sur l'épaule dextre avec un fer chaud, portant l'empreinte d'une Fleur de Lys, & en cinq cens livres d'amende, pour avoir fait la Contrebande en Tabac, & favorisé les Contrebandiers & Faux-Sauniers attroupés & armés.

Du 25 Septembre 1743.

* Jugement de la Commission du Conseil, établie à Valence, par lequel Gilbert Trincard, du lieu de Verthaizon en Auvergne, a été condamné en trois cens livres d'amende, & aux dépens du procès, pour avoir fait le Faux-saunage avec attroupement au-dessous du nombre de cinq, sans armes, avec chevaux, ladite amende conversible en la peine des galeres.

Du 30 Septembre 1743.

* Jugement de la Commission du Conseil, établie à Valence, par lequel Annet Deferris, dit Sertarin, Marchand & Cabaretier à S. Leon en Bourbonnois, a été condamné en trois cens livres d'amende, pour avoir acheté des Sels des Faux-Sauniers qui en ont conduit avec chevaux audit lieu de S. Leon, qu'il a ensuite revendu, & pour avoir donné retraite & fourni des
vivres

vivres aufdits Faux-fauniers , & fourages pour leurs chevaux ;
ladite amende converfible en la peine des galeres.

Du 30 Septembre 1743.

* Jugement de la Commiffion du Confeil, établie à Valence ;
par lequel Jean Fougeroufe , dit le Sanaire , Cabaretier demeurant à la Maifon Blanche , Paroiffe de Beurriere en Auvergne,
a été condamné en l'amende de trois cens livres , pour avoir
acheté des quantités confidérables de Sel , des Faux-fauniers
qui en ont conduit avec chevaux dans ladite Paroiffe de Beurriere, qu'il a revendu enfuite à d'autres Faux-fauniers ; ladite
amende converfible en la peine des galeres , & à l'égard du
chef d'accufation concernant la Contrebande en Tabac impu-
tée audit Fougerouze , il a été ordonné qu'il en fera plus am-
plement informé pendant fix mois.

FIN.

TABLE
DES EDITS, DECLARATIONS,
ARRESTS ET REGLEMENS,

RENDUS pendant la cinquiéme année du Bail de Me. JACQUES FORCEVILLE.

Commencée le premier Octobre 1742. & finie le dernier Septembre 1743.

CONCERNANT les Aydes, Entrées, Pied-Fourché & Droits y joints, Papier & Parchemin Timbrés, Domaine & Barrage, Poids le Roy, Domaines de Flandre, Marque d'Or & d'Argent, Marque des Fers, Impôts & Billots de Bretagne, Droits sur le Poisson, Droits rétablis aux Entrées & sur les Ports, Quays, Halles, Places & Marchés de la Ville & Fauxbourgs de Paris, & aliénés aux Officiers créés par l'Edit du mois de Juin 1730. Inspecteurs aux Boucheries & des Boissons, Courtiers-Commissionnaires & Jaugeurs de Futailles, Droits appartenans à la Ville de Paris, à l'Hôpital Général, & à l'Hôtel-Dieu.

Du 2 Octobre 1742.

ARREST du Conseil, au sujet d'une rebellion contre les Employés de la Barriere des Porcherons, dans laquelle un Soldat aux Gardes avoit été tué ;

Qui ordonne que les Articles 35, 36 & 37 du Titre Com-

AYDES. A

mun pour toutes les Fermes de l'Ordonnance des Aydes du mois de Juillet 1681 , les Articles 3 & 6 de la Déclaration du 12 Juillet 1723 , l'Arrêt du Conseil du 3 Décembre 1737 , & l'Article 560 du Bail des Fermes Générales Unies fait à Jacques Forceville le 16 Septembre 1738 , seront exécutés selon leur forme & teneur.

En conséquence, casse & annulle la procédure faite au Châtelet, à la Requeste du Procureur du Roy, ensemble tous Décrets de prise de corps , & autres Décrets, Sentences, Ordonnances & Jugemens décernés & rendus contre Antoine Lombart & autres Commis des Fermes , par le Lieutenant Criminel & les Officiers dudit Châtelet, comme incompétemment rendus.

Fait itératives défenses audit Procureur du Roy de faire à l'avenir aucunes poursuites , & audit Lieutenant Criminel & autres Officiers dudit Châtelet de rendre de pareils Décrets & Sentences, ni de connoître des affaires des Fermes, sous les peines portées par l'Article 36 du Titre Commun, pour toutes les Fermes, sauf aux Parties à se pourvoir pardevant les Officiers de l'Election, & par appel en la Cour des Aydes.

Ordonne , conformément à l'Arrest de la Cour des Aydes du 13 Juin 1742 , (qui avoit ordonné par provision l'exécution d'une Sentence de l'Election de Paris, portant élargissement dudit Lombart, qui avoit été arrêté & constitué prisonnier, lors de ladite rebellion) que ledit Lombart sera élargi & mis hors des prisons, sans avoir égard aux Arrêts de ladite Cour des 22 dudit mois de Juin & 17 Juillet ensuivant, qui avoient, le premier, reçû le Sieur Procureur Général opposant audit Arrest du 13 Juin 1742 , en ce qu'il avoit prononcé l'élargissement de la personne dudit Lombart ; & le second, en donnant acte à Forceville de sa prise de fait & cause dudit Lombart son Commis, avoit ordonné que les procédures extraordinaires faites tant au Châtelet, qu'en l'Election de Paris, contre ledit Lombart & autres, & apportées au Greffe de la Cour, seroient renvoyées en ladite Election, pour lesdites procédures extraordinaires y être continuées jusqu'à Sentence définitive inclusivement, sauf l'appel en ladite Cour.

Ordonne que la procédure extraordinaire, commencée en l'Election de Paris à la Requeste dudit Forceville , contre les

accufés de rebellion, violences & voyes de fait envers fes Commis, foit continuée jufqu'à Sentence définitive incluſivement,
fauf l'appel en ladite Cour des Aydes.

Et que ledit prefent Arreſt fera enregiſtré, fans frais, au
Greffe Criminel du Châtelet de Paris, & exécuté nonobſtant
toutes oppofitions & empêchemens quelconques, pour lefquels ne fera différé.

Du 11 Octobre 1742.

* Département de Meſſieurs les Fermiers Généraux pour le
fervice des Fermes Royales Unies, pendant la cinquiéme année du Bail de Jacques Forceville.

Du 12 Octobre 1742.

* Commiſſion du Conſeil, pour faire affigner en icelui les
Marchands de Toilles de plufieurs Villes & lieux de l'Election
de Mayenne & de celle du Mans, pour repreſenter les titres
en vertu defquels ils prétendent être affranchis des Droits attribués aux Offices des Controlleurs, Viſiteurs, Marqueurs &
Auneurs de Toiles, par Edit du mois de Juin 1627, & aliénés
aux Auteurs de M. l'Abbé de Pomponne & autres.

Du 16 Octobre 1742.

* Sentence du Bureau de l'Hôtel de Ville de Paris, qui condamne Chevalier pere & ...... Harmet le jeune, Marchands
de Grains; ſçavoir, ledit Chevalier, en cinq cens livres d'a-
mende, pour avoir vendu audit Harmet deux muids trois feptiers d'Avoine, & ledit Harmet en deux mille livres, pour
en avoir fait faire l'enlevement le 13 Octobre à cinq heures
du matin, avant l'ouverture du Port, dans fa Place, avoir mê-
langé ladite Avoine; confiſque au profit de l'Hôpital Général,
tant leſdits deux muids trois feptiers d'Avoine fur ledit Chevalier, que le prix d'icelle, liquidé à trois cens foixante-dix-huit
livres, à raifon de quatorze livres le feptier, fur ledit Harmet;
déclare nul le marché fait entr'eux, & leur fait deffenfes à l'un

& à l'autre de recidiver, à peine d'interdiction du Commerce;
& pour avoir par les nommés Lirou, la Cour & Calu, Plumets,
Porteurs de Grains, fait lesdits enlevement & mêlange; les
condamne solidairement en deux cens livres d'amende, & les
interdit de tout travail sur les Ports pendant trois mois, avec
défenses de récidiver sous plus grandes peines.

Du 16 Octobre 1742.

* Jugement du Bureau de l'Hôtel de Ville de Paris, qui permet à Jean de la Mery, Fermier des Droits appartenâns à
l'Hôpital Général, sur les Vins qui doivent être conduits sur
l'Etape de la Gréve, d'établir des Commis sur les Ports & aux
Entrées de ladite Ville, les autorise à verbaliser des contraven-
tions qui seront commises à la perception desdits Droits, & leur
permet de saisir les Vins destinés pour l'Etape, & qui n'y seront
pas conduits.

Du 23 Octobre 1742.

* Déclaration du Roy, qui continue au profit de l'Hôpital
Général pendant six années, à commencer du premier Janvier
1743, le Droit de deux sols six deniers par jour, sur chaque Ca-
rosse de remise de la Ville & Fauxbourgs de Paris; & Réglement pour la régie & perception dudit Droit. *Registrée au Parlement, le 11 Décembre 1742.*

Du 23 Octobre 1742.

* Déclaration du Roy, qui proroge pendant quatre années,
à commencer du premier Janvier prochain 1743, le Droit de
cinq sols pour chaque cent de bottes de Foin, arrivant & entrant en la Ville, Fauxbourgs & Banlieue de Paris, en faveur
de l'Hôpital Général. *Registrée en la Cour des Aydes, le premier
Décembre suivant.*

Du 23 Octobre 1742.

* Arrest du Conseil, portant Réglement pour assurer les

Droits attribués à la Communauté des Officiers-Controlleurs-
Courtiers de la Volaille & Gibier de la Ville de Paris, & em-
pêcher les fraudes & abus qui se commettent dans les envois qui
se font de cette Marchandise par les Messageries & Voitures
publiques, sous prétexte de présens.

Du 23 Octobre 1742.

Arrest du Conseil, qui en interprétant celui du 28 Aoust pré-
cedent, permet au Sieur Toulongeon, Cornette des Chevaux-
Legers de la Garde du Roy, de faire passer en Lorraine toutes
les Fontes provenantes de ses Fourneaux du Crochet & de la
Barbe en Franche-Comté, & ce en exemption des Droits de
Sortie portés par l'Ordonnance de 1680, & autres Réglemens,
& notamment par l'Arrest du Conseil du 2 Avril 1701.

Du 30 Octobre 1742.

* Arrest du Conseil, rendu en faveur du Fermier des Droits
de la Marque & Controlle sur les Toilles entrant en la Ville de
Troyes; condamne les Marchands de ladite Ville à payer audit
Fermier lesdits Droits de Controlle sur toutes les Toilles appellées Siamoises, Toilles à carreaux, Mouchoirs de Toile de cot-
ton, & autres fabriquées à Rouen, & des Manufactures du
Sieur de la Porte, suivant le Tarif arrêté au Conseil, le 22 Juillet 1681.

Du 6 Novembre 1742.

* Arrest du Conseil, qui déboute les Prêtres de l'Oratoire
de Notre-Dame de Grace, de leur appel de l'Ordonnance de
M. l'Intendant de Lyon, du 26 Mars 1740.

Juge que l'assujettissement aux Droits d'Anciens & Nouveaux cinq sols est imposé sur la totalité du Territoire des lieux
sujets, de façon qu'il n'y a d'exemption pour aucune des parties de ce Territoire.

Et que la décharge des Hameaux & Ecarts portée par la
Déclaration du 4 Mai 1688, n'a été accordée qu'à des corps
de Maisons composant des Hameaux, ou à des Maisons isolées

Gilles Gourné, Marchand de Bois, en cinquante livres d'amende po ur n'avoir fait déclaration ni exhibé lettres de voiture au Bureau de la Communauté des Officiers-Jurés-Mouleurs de Bois, de quatre-vingt-quinze cordes un quart de Bois, qu'il a fait arriver en cette Ville, destinés pour le Port de la Tournelle ; & qui lui fait deffenses de récidiver, sous plus grandes peines.

Du 4 Décembre 1742.

* Sentence du Bureau de la Ville de Paris, qui condamne Claude Vernier, Voiturier par Eau de Compiegne, en cent livres d'amende, pour n'avoir fait déclaration au Bureau de la Communauté des Officiers-Gardes-Batteaux, Metteurs à port, à l'instant de l'arrivée d'un Batteau chargé de Bled, au Port de l'Ecole, avoir vuidé ledit Batteau, fraudé les Cordes, & s'être mis en état de repartir avalant, quoiqu'interpellé de faire ladite déclaration, qui lui enjoint & à tous autres Voituriers par eau, de faire des déclarations, & de representer leurs lettres de voitures au Bureau de ladite Communauté ; sçavoir : à l'égard des Batteaux chargés de Bois, sitôt leur arrivée à la Garre, sous & joignant le Pont Royal ; & à l'égard de ceux chargés de Grains, d'Epiceries, ou autres Marchandises, à l'instant de l'arrivée aux ports de destinations, à peine de trois cens livres d'amende.

Du 7 Décembre 1742.

Arrest de la Cour des Aydes, qui décharge Nicolas Joblot, Sous-Fermier des Aydes de la Généralité de Châlons de l'assignation à lui donnée au Châtelet de Paris, à la Requeste d'un Huissier à verge audit Châtelet en vertu des prétendues lettres de Garde-Gardienne ; deffend de procéder ailleurs qu'en l'Election d'Epernay, & permet au Fermier de passer outre à la vente des Vins saisis, pour en être les deniers tenus en Justice à la conservation des Droits respectifs des Parties ; les frais de laquelle vente le Fermier pourra employer en taxes comme faux-frais.

Du

Du 14 Novembre 1742.

* Arreſt Contradictoire de la Cour des Aydes de Paris, qui, ſans avoir égard aux lettres de reſciſion priſes en Chancellerie par le Sieur Baron de Bornes, contre l'acte de cautionnement par lui fourni pour le Sieur Pacheque, Receveur des Aydes, expoſitives qu'il étoit Mineur, quand il a paſſé ledit acte, & qu'il ne pouvoit engager les biens fonds qu'il y a hypotéqués, parce que ſon pere les lui a cédés pour ſa nourriture & entretien, ſans pouvoir être ſaiſis, l'a débouté de l'oppoſition qu'il avoit formée à la contrainte décernée contre lui par le Fermier des Aydes, pour avoir payement de la ſomme dont ledit Pacheque eſt reliquataire, & ordonne que ſur les deniers, loyers & fermages ſaiſis ſur le Sieur Baron de Bornes, le Fermier des Aydes ſera payé par privilege & préférence de la ſomme portée en ladite contrainte, avec intérêts & dépens.

Du 15 Décembre 1742.

* Ordonnance de M. de Marville, Lieutenant Général de Police, & Commiſſaire du Conſeil, pour juger les conteſtations au ſujet des Marchés de Sceaux & de Poiſſy, qui confiſque quatre-vingt Moutons ſaiſis ſur le nommé Noël Dureuil, dit Laurent, Conducteur de Beſtiaux pour les Bouchers de campagne, le condamne aux dépens liquidés à quatre-vingt-deux livres cinq ſols, pour avoir déclaré & pris un Laiſſez-paſſer au Bureau de Poiſſy pour conduire leſdits Moutons à Paris, quoiqu'ils fuſſent deſtinés pour un Boucher des Porcherons; lui enjoint d'être plus fidéle à l'avenir dans les déclarations, & lui deffend, à peine de priſon, de prendre des Laiſſez-paſſer pour les Bouchers de Paris, quand les Beſtiaux auront été achetés pour des Bouchers de campagne.

Du 15 Décembre 1742.

* Ordonnance de Police, qui ordonne l'exécution de l'Arreſt du Conſeil du 4 Avril 1720, & en conſéquence, deffend

aux Marchands Forains, Fermiers, Laboureurs, Menagers,
Herbagers & autres Particuliers d'amener dans les Marchés de
Sceaux & de Poiſſy, ni à la Place aux Veaux à Paris, & d'expoſer en vente aucunes Vaches laitieres & autres Vaches en
état de porter au-deſſous de l'âge de huit ans, & des Veaux &
Geniſſes au-deſſus de l'âge de huit ou dix ſemaines, & aux Bouchers d'en acheter ni tuer, le tout à peine de confiſcation &
de trois cens livres d'amende, même de privation de l'état ou
Maîtriſe deſdits Bouchers.

Des 10 *Avril* & 25 *Décembre* 1742, & 14 *Janvier* 1744.

* Trois Arreſts du Conſeil; le premier ordonne qu'avant faire droit ſur la Requeſte du Fermier des Aydes de la Généralité de Soiſſons, elle ſera communiquée, pour y répondre, aux
Propriétaires & Locataires des Maiſons & Edifices ſitués près
les Villes dénommées dans ladite Requeſte; qu'il ſera par le
Sieur Intendant de ladite Généralité, ou ſes Subdélégués,
dreſſé procès-verbal de la ſituation des lieux, en préſence deſdits Propriétaires & Locataires, ou eux dûement appellés, &
le tout envoyé au Conſeil, pour être ordonné ce qu'il appartiendra,

Le ſecond, ſans s'arrêter à l'état arrêté par le Sieur Daube,
ci-devant Intendant de ladite Généralité de Soiſſons, ni à l'Arreſt du Conſeil du 26 Octobre 1728, en ce que par leſdits
Etat & Arreſt, pluſieurs Maiſons & Edifices ſitués près quel-
ques-unes des Villes & Bourgs de ladite Généralité, avoient été
déchargés du payement des Droits d'Aydes : ordonne que les
Maiſons & Edifices, ci-après déſignés, ſeront & demeureront
à l'avenir aſſujettis au payement deſdits Droits d'Aydes. Ordonne au ſurplus Sa Majeſté que ledit Arreſt du Conſeil du 26
Octobre 1728, ſera exécuté ſelon ſa forme & teneur.

Le troiſiéme déboute Jean Navaux & Conſorts, Habitans
Propriétaires de Maiſons ſituées au Hameau de Montlean près
Montmirel, & les Chanoines de S. Thomas de Creſpy en Val-
lois, de leurs oppoſitions à l'Arreſt du Conſeil ci-deſſus du 25
Décembre 1742, & les condamne au coût de l'Arreſt liquidé
à ſoixante-quinze livres.

Du 25 Décembre 1742.

* Arreſt du Conſeil, qui ordonne l'exécution de l'Ordonnance de 1680 & de l'Arreſt du Conſeil du 20 Juillet 1728; fait défenſes aux Chaircuitiers Forains de faire entrer à Paris des Marchandiſes de Porcs frais, hors les jours de Marchés, & avant l'heure preſcrite par l'Ordonnance; veut que les Porcs ſoient coupés en quatre quartiers à la ſeconde côte au-deſſus du rognon, les poitrines y tenant, le tout à peine de confiſcation, & de cinq cens livres d'amende. Pourront auſſi en faire entrer de la même maniere les jours de Foires de Lonjumeau, S. Ouen & S. Laurent; enjoint aux Commis des Barrieres de ſaiſir & arrêter les Marchandiſes deſdits Marchands Forains qui ſeront en contravention; fait pareillement deffenſes à toutes perſonnes d'acheter ni de vendre en regrat des Marchandiſes de Porcs frais, & aux Chaircuitiers établis au Fauxbourg du Roulle & lieux prétendus privilegiés dans la Ville & Fauxbourgs de Paris, d'expoſer aux Halles des Marchés de ladite Ville, aucunes Marchandiſes de Porcs, ſous les mêmes peines de confiſcation, & de cinq cens livres d'amende; veut que les Marchands Forains ſoient tenus d'acheter leurs Porcs au-de-là des vingt lieues, & de les conduire directement dans les Marchés de Sceaux & de Paris; leur deffend d'en faire le regrat, d'en vendre en route, lorſqu'ils ſeront deſtinés pour Paris, ni de les laiſſer dans les Etables, Auberges & Hôtelleries pendant le cours du Marché, le tout à peine de trois cens livres d'amende, pour chaque contravention, même de confiſcation de la Marchandiſe; de laquelle amende & confiſcation les Hôtelliers, Aubergiſtes & autres Particuliers qui auront ſouffert leſdites Marchandiſes chez eux en entrepoſt, ſeront ſolidairement reſponſables; permet aux Jurés Chaircuitiers de faire des viſites exactes dans les Etables, Hôtelleries, Auberges, même dans les Maiſons des Particuliers, à l'effet de ſaiſir les Marchandiſes entrepoſées: enjoint au Sieur Lieutenant Général de Police de tenir la main à l'exécution dudit Arreſt.

Du 25 Décembre 1742.

* Arreſt du Conſeil, qui déboute Jacques Darlot, Marchand de Vin, de la demande en exemption des Droits de revente; le condamne à pay er ceux des quatre-vingt-ſept demi queues dix-huit demi muids & un quarteau de Vin que ledit Sieur Darlot pere & ſa femme avoient conſtitués en dot à leur fils; & en ou-tre les Droits des quarante-quatre demi queues & douze demi muids de Vin, qu'ils lui avoient vendus.

Et ordonne l'exécution de l'Article premier du Titre 4 de la vente en gros, & du tranſport du Vin de l'Ordonnance des Aydes du mois de Juin 1680, de l'Edit du mois de Juin 1730, & des Arreſts & Réglemens intervenus en conſequence.

Du 8 Janvier 1743.

* Arreſt du Parlement de Bretagne, rendu contradictoire-ment & ſur les Concuſions de M. le Procureur Général du Roy, qui met au néant avec amende l'appel relevé par les nom-més Henry le Cras; Guillaume Néel, de l'Iſle de Jerzay, & Charles Cojean, François, de Sentence rendue aux Traittes de Morlaix, le 17 Mars 1742, portant confiſcation au profit de Me. Jacques Forceville, Adjudicataire Général des Fermes du Roy, d'un petit Bâtiment Anglois trouvé échoué à l'Iſle de Thomé, des agrés & appareaux d'icelui, & de ſoixante Bâlots de Tabac, fabrique Angloiſe, du poids de trois mille trois cens quatre-vingt-treize livres, auſſi trouvés à quelque diſtance du-dit Bâtiment & Agrés, qui condamnoit leſdits le Cras & Néel ſolidairement en l'amende de mille livres & aux dépens, & qui déclaroit les mêmes condamnations communes & exé-cutoires vers ledit Cojean, comme Tous ayant été trouvés & arrêtés dans cette Iſle, & reputés auteurs & complices du verſement deſdits Tabacs en fraude.

Qui déboute leſdits le Cras & Cojean des Requeſtes & deman-des par eux formées, ledit le Cras, afin de reſtitution, Agrés & Appareaux, & ledit Cojean d'une valiſe, argent & effets qui de-voient y être renfermés, ſinon la juſte valeur par leur ſerment

& à dire d'Experts, avec réparations, dommages & intérests.

Et en reformant sur l'Appel *à minimâ* dudit Forceville de la même Sentence, condamne lesdits le Cras, Néel & Cojean, chacun solidairement à une amende de mille livres & aux dépens des causes d'appel & incidens, sauf la libération ou recours desdits le Cras & Cojean, vers les Héritiers dudit Néel décédé ès prisons de Morlaix depuis leurs appels interjettés de ladite Sentence.

Nota. Cet Arrest juge 1°. Que les Auteurs & Complices de même versement & fraude du Tabac, sont tenus solidairement chacun d'une amende de mille livres & des dépens, conformément aux Déclarations du Roy & Réglemens.

2°. Que le Fermier n'est pas obligé d'assigner ni mettre en cause les Héritiers de ceux des Complices qui meurent dans le cours de l'instruction des Procès, pour faire prononcer les condamnations desdites amendes contre Tous, sauf le recours de ceux avec lesquels elles sont prononcées contre les Héritiers de leurs Complices.

Du 16 Janvier 1743.

Arrest Contradictoire de la Cour des Aydes, qui casse deux Sentences de l'Election d'Angoulême, rendues par le Président seul, l'une pour avoir prononcé à l'extraordinaire sur une inscription de faux, & par l'autre ordonné de nouveau la confrontation des Accusés.

Du 22 Janvier 1743.

* Arrest Contradictoire de la Cour des Aydes, qui confirme la Sentence des Elûs d'Angoulême du 17 Octobre 1740, qui avoit déclaré Jacques Martin fils, non-recevable dans l'opposition par lui formée à une Sentence par deffaut du 23 Juillet 1740, rendue contre le nommé Lhoumeau & Pierre-Martin du Brida son pere, à l'occasion d'un procès-verbal dressé contr'eux le 26 Mai 1739, sur la supposition par lui faite que l'assignation donnée en consequence avoit été intitulée de son nom, & lui avoit été délivrée pendant qu'elle avoit été donnée réellement à Martin du Brida son pere, qui, à la faveur de cette supposition, prétendoit faire tomber l'action du Fermier contre lui.

Du 22 Janvier 1743.

* Arrest Contradictoire de la Cour des Aydes, qui donne acte à la Dame Veuve Charles Pendin, Escuyer, Sieur du Treuil, qu'elle n'a point refusé aux Commis l'ouverture des portes de ses caves, magasins & brûlerie ; en consequence, met les Parties hors de Cour, dépens compensés, sur l'appel de la Sentence des Elus de S. Jean d'Angely, du 2 Décembre 1741.

Et ordonne, sur les Conclusions de M. le Procureur Général, que la Déclaration du 30 Janvier 1717, & autres Réglemens, seront exécutés, & que tous Bouilleurs d'Eau-de-vie seront tenus de s'y conformer, en faisant les déclarations y contenues, & en faisant ouverture de leurs portes, caves, celliers & autres magasins, en conformité de ladite Déclaration.

Nota. Madame du Treuil, sous prétexte de sa Noblesse, se prétendoit dispensée de l'Exercice des Commis sur les Eaux-de-vie ; s'il n'a été prononcé qu'un hors de Cour, ce n'est que parce que le refus de souffrir les Visites n'a pas été assez bien établi.

Du 22 Janvier 1743.

Arrest du Conseil, portant qu'il sera expédié au profit de Jacques Forceville, Adjudicataire des Fermes Générales Unies, une Ordonnance de comptant sur le Garde du Trésor Royal, de la somme de trente-trois mille cinq cens dix livres dix-huit sols six deniers, par lui avancée pour plusieurs grosses reparations faites aux Bureaux & Murs de clôture appartenans au Roy, & servant pour la régie & perception des Droits des Entrées de Paris, pour valeur de laquelle somme il sera expédié une quittance comptable, sur & en déduction du prix du Bail dudit Forceville.

Du 22 Janvier 1743.

Arrest du Conseil, sur la Requeste d'Etienne Joly, Fermier des Aydes de Caen, tendante à la cassation de celui de la Cour des Aydes de Rouen, du 16 Mars 1742, confirmatif d'une Sentence de l'Election de Vire du 6 Octobre précédent, pour avoir mis les Parties hors de Cour, sur un procès-verbal d'entrepoſt d'un Tonneau de Cidre ſaiſi chez le nommé Georges Barbot, Cordonnier, voiſin de Henry Barbot, Cabaretier, ſous prétexte d'une prétendue nullité, que les Juges ont fait conſiſter en ce que le procès-verbal n'avoit été redigé que le lendemain de la ſaiſie, quoique la ſaiſie commencée la veille à dix heures du ſoir, n'eût été conſommée que le lendemain à cinq heures du matin ; ordonne que la Requeſte ſera communiquée au Cabaretier & à l'Entrepoſeur, pour y fournir de réponſe dans le délai de l'Ordonnance.

Du 29 Janvier 1743.

Arreſt du Conſeil, qui autoriſe les Sieurs Lucien & François le Maire, freres, Entrepreneurs de la Manufacture Royale de Draperie établie à Bouſlers, de transporter dans la Ville de Beauvais, à leurs frais, la teinturerie actuellement établie à Bouſlers, & y établir une Manufacture Royale de Teinture dépendante & inſéparable de la Manufacture Royale de Bouſlers, & accorde l'exemption des Droits d'Entrées & de Tarif ſur les Bois que leſdits Sieurs le Maire feront entrer dans ladite Ville de Beauvais, pour l'uſage de ladite Teinturerie ſeulement.

Du 29 Janvier 1743.

* Arreſt du Conſeil, qui ordonne que toutes les inſtances & affaires reſtantes du Bail de feu Pierre Carlier, Adjudicataire des Fermes Générales Unies, ſeront continuées, repriſes & pourſuivies, inſtruites, jugées & réglees ſous le nom de Nicolas-Adrien Bonnemain en la maniere accoutumée, comme elles l'auroient pû être ſous le nom dudit Carlier.

Du 29 Janvier 1743.

* Réglement & Lettres Patentes du Roy, *regiſtrées au Parlement de Metz, le 18 Février 1743*, pour les differentes ſortes de Draps qui ſe fabriquent dans la Manufacture de Sedan, *Contenant 85 Articles*, dont le ſeiziéme veut que les nom & ſurnom du Fabriquant, le lieu de la Fabrique, & les qualités des Draps

ſoient brodés à la tête & à la queue de chaque Piéce , à peine
de confiſcation & de cent livres d'amende ; le dix-ſeptiéme deſ-
fend aux Fabriquans de mettre ſur les Draps de leurs Fabriques le
nom d'un autre Fabriquant, à peine de confiſcation, trois cens
livres d'amende , déchéance de Maîtriſe , & d'interdiction du
Commerce ; le dix-huitiéme deffend l'entrée dans Sedan , d'autres Laines d'Eſpagne que celles appellées Primes Segovies,
Primes Segovianes, ſecondes Segovies, ſecondes Segovianes,
& ſecondes Sories , à peine de confiſcation & de cent livres d'a-
mende ; le vingt-deuxiéme ordonne au Receveur des Fermes
du Bureau de Torcy, de fournir aux Jurés Fabriquans une expédition contenant le nombre de Balles de Laines qui ſeront
paſſées par le Bureau , avec les noms des Fabriquans & autres
auſquels elles ſeront adreſſées , à peine de cent livres d'amende ;
le quarante-uniéme veut que les Draps fabriqués conformément au Réglement, ſoient marqués avec de l'encre à imprimer par les Jurés à la tête de chaque Piéce ; le quarante-ſeptié-
me veut que les Draps ſoient encore viſités & marqués d'un
Plomb à la tête de chaque Piéce, au retour du Foulon ; l'Article cinquante ordonne que les Draps meſurés & aulnés , &
marqués à la tête de chaque Piéce d'un Plomb , portant d'un
côté, Aulneur Juré de Sedan , & de l'autre l'aulnage juſte en
chiffres, à peine de trois cens livres d'amende contre l'Aulneur
Juré ; le cinquante-quatriéme veut que les Draps ſoient marqués en tête avant que d'être mis en Teinture , d'un Plomb
portant ces mots, *vû en blanc* ; le cinquante-cinquiéme veut
qu'après la Teinture ils ſoient portés au Bureau de Fabrique ,
pour être viſités & marqués à la tête & à la queue de chaque
Piéce par les Gardes Jurés , des Plombs ordonnés par l'Article
57 ; le ſoixante-dix-huitiéme deffend aux Marchands d'avoir
dans leurs maiſons, boutiques & magaſins ou ailleurs, de vendre ni expoſer en vente aucune Piéce entiere de Drap , qu'elle
n'ait à la tête & à la queue les marques ordonnées par l'Article
16 , & de garder aucunes demies Piéces deſdits Draps, qu'elles
n'ayent un Plomb, à peine de confiſcation & de trois cens livres d'amende ; l'Article quatre-vingt-un applique les amendes, ſçavoir, celles prononcées contre les Fabriquans, un quart
au profit du Roy , un quart au profit des Gardes-Jurés , & la
moitié

moitié aux pauvres Ouvriers de la Manufacture, & celles contre les Ouvriers à ceux desdits Ouvriers pauvres & indigens ;
& l'Article quatre-vingt-trois porte que les Registres tenus par
les Gardes-Jurés & Aulneurs, les Procès-verbaux de nomina-
tion desdits Jurés, ensemble les comptes qui seront par eux
rendus, & les copies qui pourront en être faites, seront faites
& expédiées en papier non timbré.

Du 5 Février 1743.

* Arrest de la Cour des Aydes, rendu sur les Conclusions de
M. le Procureur Général, qui ordonne l'exécution de l'Ordonnance de 1680, & des Lettres Patentes du 13 Mai 1738 ; en
consequence, fait deffenses à ceux qui feront vendre du Vin
de leur crû hors du lieu de leur domicile, de charger de cette
commission des Débitans ou des personnes demeurantes dans
les lieux où se fait le débit : fait pareilles deffenses aux Débitans ou personnes demeurantes dans les lieux où se doit faire
le débit de se charger de vendre le Vin pour d'autres personnes, le tout sous les peines portées par les Lettres Patentes du
13 Mai 1738.

Du 5 Février 1743.

* Arrest Contradictoire de la Cour des Aydes, qui infirme
une Sentence des Elûs de Thouars, & condamne Jean Guil-
laudeau, Cabaretier à Thouars, chez qui les Commis avoient
trouvé un Buveur servi d'un pot de demi Vin, qu'il déclara
payer, semblable à celui d'un autre pot trouvé dans le grenier
du Cabaretier, à la confiscation des choses saisies, à vingt-
cinq livres d'amende & aux dépens.

Du 9 Février 1743.

* Ordonnance de Monsieur le Lieutenant Général de Police, Commissaire député par Sa Majesté pour les Marchés de
Sceaux & Poissy, qui ordonne la conversion des Laissez-passer
de l'année 1742, restans au commencement du Carême pro-

chain, ès mains des Marchands Bouchers de la Ville de Paris, en laissez-passer pour l'année 1743.

Du 20 Février 1743.

* Arrest de la Cour des Comptes, Aydes & Finances de Montpellier, qui déboute les Sieurs Michel Blanc, & Héritiers Riberolles, de la demande par eux formée en décharge du cautionnement qu'ils avoient fourni à Forceville, Fermier des Domaines, Controlle des Actes & Droits y joints des Généralités de Montpellier, Toulouse & autres, pour sûreté de la Recette du Sieur Jean Blanc, Commis Buraliste à Toulouse.

Et condamne lesdits Michel Blanc & Héritiers Riberolles, solidairement au payement de la somme de dix mille livres, conformément à leurdit cautionnement, avec les intérests d'icelle du jour de l'Arrest; à quoi faire lesdits Jean & Michel Blanc seront contraints par toutes voyes & par corps, & lesdits Héritiers Riberolles par toutes voyes dûes & raisonnables, & les uns & les autres aux dépens solidairement.

Du 2 Mars 1743.

* Ordonnance du Bureau de l'Hôtel de Ville de Paris, qui deffend à tous Marchands & Voituriers par eau de faire descendre par le port S. Paul, jusqu'au dernier Avril suivant, aucuns Batteaux chargés d'autres Marchandises que de celles qui doivent rester dans ledit port, même aucuns Batteaux vuides, à peine de cent livres d'amende, avec injonction, sous pareille peine, de faire descendre par dessous le pont de la Tournelle ceux destinés pour les ports au-dessous.

Du 13 Mars 1743.

Arrest de la Cour des Aydes, qui infirme une Sentence de l'Election de Tonnerre du 11 Février 1741, par laquelle le nommé Charles Chaplot, Cabaretier à Chamoy, a été renvoyé de la demande de Jean Godefroy, Sous-Fermier des Aydes de la Généralité de Paris, sous prétexte que le procès-verbal rendu contre ledit Chaplot , n'avoit pas été déposé au Greffe dans le délai de l'affignation ; confifque les chofes faifies , & condamne par corps ledit Chaplot en vingt-cinq livres d'amende.

Du 15 Mars 1743.

* Arreſt Contradictoire de la Cour des Aydes , qui confir-me avec amende & dépens trois Sentences des Officiers de l'Election de Châlons , des 30 Mars , 6 Avril & 20 Juillet 1737 , par lequelles Louis Godard , Marchand de Bois à Soif-fons , a été débouté de ſes moyens de nullité , & condamné en la confiscation d'un Batteau , & d'environ quatre-vingt charet-tes de Bois-Mairin , avec cent livres d'amende & dépens , au profit de Jean le Sage , précédent Fermier des Aydes de Champagne , faute de déclaration & de payement des Droits d'Entrées.

Des 19 Mars & 5 Avril 1743.

* Arreſt du Conſeil , & Lettres Patentes , *regiſtrées en la Cour des Aydes de Rouen les 23 & 30 Avril ſuivant* , concernant les grandes Entrées de Normandie , portant deffenfes aux Habi-tans des Bourgs & Paroiſſes de la Banlieue de ladite Ville , & à ceux qui y ont des Maiſons , de faire décharger les Vins & Boiſſons qu'ils y feront arriver de Rouen ou d'ailleurs , avant que les Voituriers en ayent fait la déclaration aux Bureaux du Fermier des Aydes , & qu'ils y ayent repreſenté les congés , & payé les Droits d'Entrées , ou juſtifié qu'ils ont été acquittés à Rouen , dont ſera fait mention au dos des quittances ; le tout ſous les peines portées par l'Art. 17 du Titre premier de l'Or-donnance des Aydes du mois de Juin 1680 , pour le reſſort de la Cour des Aydes de Rouen.

Du 19 Mars 1743.

* Arreſt du Conſeil , qui enjoint au Sieur Bronod , Receveur des Tailles de l'Election de Lyon , de ſe conformer à l'Arreſt du 11 Septembre 1731 , qui ſera exécuté ſelon ſa forme & re-neur ; en conſequence , le condamne de lever au Bureau des

AYDES.

Aydes de ladite Ville, les Papiers timbrés qui lui sont nécessaires pour les quittances de ses exercices, à raison de douze quittances pour chacune des Collectes dont ladite Election est composée; & pour sa contravention le condamne en trois cens livres d'amende, aux dépens & coût dudit Arrest, au payement desquelles sommes résultantes, tant du prix du Timbre des quittances pour chacun de ses exercices, à commencer en l'année 1740, que de l'amende & frais, il sera contraint, &c.

Du 19 Mars 1743.

* Arrest du Conseil, qui juge que les Droits de cloison sont dûs sur les Marchandises & Denrées qui font déchargées dans les maisons situées au dehors de la Ville d'Angers, quoiqu'elles n'entrent pas dans ladite Ville; déboute six Marchands de leur demande en restitution des accommodemens par eux faits sur des procès-verbaux de saisie de Noix, faute de déclaration ou excedent de déclaration, & les condamne au payement des sommes portées ausdits accommodemens, si fait n'a été, & au coût dudit Arrest du Conseil.

Du 19 Mars 1743.

* Arrest Contradictoire de la Cour des Aydes, qui confirme une Sentence de l'Election de Lyon, par laquelle Pierre Saquin, Bourgeois de la Ville de Lyon, est déchu pendant une année de la jouissance de son privilége de Bourgeoisie; & ordonne que la déchéance d'une année n'aura lieu que du jour de la signification de l'Arrest à domicile.

Nota. Les Bourgeois de Lyon jouissent de l'exemption des Droits de Gros & Augmentation, & de Huitiéme sur les Vins de leur cru qu'ils font entrer, & vendent en gros ou en détail dans la Ville de Lyon.

Pour jouir de leur Privilége, ils doivent fournir chaque année au Fermier des Aydes une déclaration du Vin qu'ils ont recueilli, dans la forme prescrite par l'Ordonnance & l'Arrest de ladite Cour du 20 Janvier 1719.

Saquin, pour satisfaire à cette obligation, déclara le 24 Octobre 1740, qu'il avoit recueilli la recolte précédente dans son domaine d'Albigny cent trente-huit Anées de Vin, & il fut établi par procès-verbal du 28 du même mois, des Commis du Fermier assistés d'un Officier de l'Election de Lyon, que Saquin n'avoit dans son domaine que soixante-six Anées trois quarts, & par conséquent qu'il avoit déclaré soixante-onze Anées un quart de Vin plus qu'il n'en avoit recueilli; c'est la fausseté de la déclaration de Saquin, ainsi constatée, qui a été le motif de la déchéance de son Privilége.

Du 20 Mars 1743.

* Sentence du Bureau de la Ville de Paris, portant Réglement pour le flottage, la conduite fur les Rivieres, le tirage fur les Ports, & l'empilage dans les Chantiers des Bois flottés à brûler, pour la provifion de ladite Ville.

Du 30 Mars 1743.

Ordonnance de M. Feydeau de Brou, Intendant de la Généralité de Paris, qui confifque environ un Muid de Vin trouvé chez le nommé le Comte, Marchand Epicier à Mantes, excédant la quantité portée en l'inventaire fait chez lui après les vendanges, faute de reprefentation de quittance des Droits d'Infpecteurs aux Boiffons à l'entrée.

Du 9 Avril 1743.

* Arreft Contradictoire du Confeil, qui évoque l'Inftance pendante en l'Election d'Alençon, entre les nommés Frefnaye & Mary de l'Efpine, Adjudicataires des Bois de la Foreft de Perfeigne appartenante à Sa Majefté, & le Fermier des Aydes & Tarif de la Ville d'Alençon.

Caffe l'Ordonnance du Grand Maiftre des Eaux & Forefts du Département de Touraine, Anjou & le Maine, en date du 9 Aouft 1742, & tout ce qui s'en eft enfuivi.

Ordonne l'exécution des Arrefts du Confeil des premier Juin 1658, premier Juillet 1662, 13 Mai 1665, & 7 Juin 1722; & en conféquence condamne lefdits Frefnaye & Mary de l'Efpine au payement des Droits de Tarif de ladite Ville d'Alençon, fur les Bois provenans de ladite Foreft, qu'ils avoient déchargés & entrepofés fans déclaration dans leur magafin fitué dans la Paroiffe de S. Pater, Généralité de Tours, & diftant d'environ deux cens pas des dernieres Maifons du Fauxbourg d'Alençon; condamne en outre lefdits Frefnaye & de l'Efpine au couft de l'Arreft liquidé à foixante-quinze livres.

Du 13 Avril 1743.

* Arreſt du Conſeil, & Lettres Patentes, *regiſtrées en la Cour des Aydes, le 24 May ſurvant*, qui réuniſſent à la Province de Picardie pluſieurs Paroiſſes enclavées dans celle d'Artois, & à la Province d'Artois pluſieurs Paroiſſes enclavées dans celle de Picardie, avec les Arreſts du Conſeil des 8 Septembre 1739, & 10 May 1740, & le Jugement des Commiſſaires du Conſeil du 27 Juillet 1741, concernant leſdites enclavées.

Du 23 Avril 1743.

Arreſt du Conſeil, ſur la Requeſte de Jean Mirſin, Antoine Torin, Nicolas Gilquier de Parigny, & Nicolas Halez l'aîné, Huiſſiers Priſeurs-Vendeurs de Meubles, & Commiſſaires aux Ventes à Paris, tendante à être maintenus dans le Droit de faire les Ventes des Meubles des Redevables des Droits des Fermes, au préjudice du Droit qu'a le Fermier de faire faire leſdites Ventes par tels Huiſſiers que bon lui ſemblera ; ordonne que ladite Requeſte ſera communiquée à Jacques Forceville, Adjudicataire des Fermes Générales Unies, & à Gilles Landoy, premier Huiſſier Audiencier en l'Election de Paris, pour y fournir de réponſe dans le délai de l'Ordonnance, avec deffenſes aux Parties de ſe pourvoir pour raiſon de ce ailleurs qu'au Conſeil.

Du 23 Avril 1743.

* Arreſt du Conſeil, qui fixe à ſept mille deux cens livres le dixiéme du revenu des Offices d'Eſſayeurs-Viſiteurs & Controlleurs d'Eau-de-vie & Eſprit de Vin entrant dans Paris, tant que la levée du Dixiéme établi par la Déclaration du Roy du 29 Aouſt 1741 ſubſiſtera.

Du 23 Avril 1743.

Arreſt du Conſeil, qui ordonne que le Sieur Jean-Baptiſte Philippes, l'un des douze Syndics Généraux & perpétuels de la Com-

munauté des Inspecteurs, Controlleurs & Visiteurs sur les Vins,
Eaux-de-vie & Liqueurs, nommé par Arrest du Conseil du 9
Octobre 1736, pour rendre compte au Conseil du produit des
Droits aliénés à ladite Communauté, se chargera en recette
dans le compte qu'il rendra pour l'année 1737, en un seul Article, de la somme d'un million quatre cens vingt six mille
deux cens livres dix sols onze deniers, à quoi les Droits sur les
Vins, Eaux-de-vie & Liqueurs, énoncés audit Arrest, sont fixés pour ladite année, déduction faite de ceux restitués aux
Bourgeois, du restant dû à ladite Communauté, & des sommes
payées aux Commis, & dénonciateurs sur l'année 1736.

Du 29 Avril 1743.

* Arrest du Parlement de Bretagne, en forme de Réglement;
rendu sur les Conclusions de M. le Procureur Général, qui enjoint aux Juges de la Jurisdiction Royale de Morlaix, de prendre connoissance des affaires des Fermes du Roy, tant au Civil
qu'au Criminel, circonstances & dépendances; fait deffenses aux
Avocats & tous autres de les y troubler, ni d'en prendre connoissance qu'en cas d'absence, maladie ou récusation, & sans
le réquisitoire du Fermier, ou de ses Procureurs & Préposés.

Enjoint pareillement aux uns & aux autres de se conformer
pour l'Instruction & Jugement desdites affaires, même pour
leurs Vacations, aux Ordonnances, Déclarations du Roy &
Réglemens, de même que pour les descentes pour lesquelles
ils seront requis par lesdits Procureurs & Préposés; le tout sous
les péines portées par lesdites Ordonnances, Déclarations du
Roy, Arrests & Réglemens de la Cour.

Du 30 Avril 1743.

* Arrest de la Cour des Aydes, qui infirme une Sentence de
l'Election de Langres du 30 Janvier 1742, pour avoir annullé
un procès-verbal, sous prétexte que l'affirmation avoit été faite
devant un Juge Seigneurial, & que l'assignation avoit été donnée devant le Juge des Traittes, quoique le Juge eût renvoyé
l'Instance en l'Election, & confisque avec amende & dépens

une voiture de Vendanges, sortant de la Province de Champagne, Pays d'Aydes, pour passer en celle de Bourgogne qui en est exempte, & ce en fraude du Droit de Subvention par doublement.

Du 5 May 1743.

* Déclaration du Roy, en interprétation de l'Ordonnance du mois de Juillet 1681, concernant les Droits d'abord & consommation; ordonne que le Poisson de Mer frais, sec & salé, entrant par terre dans la Province de Picardie, pour y être consommé ou transporté ailleurs, sera sujet ausdits Droits dans tous les cas où il ne sera point justifié provenir de la pêche Françoise, à l'exception de celui qui sera declaré pour la Ville de Paris, qui est exempte du Droit de consommation seulement.

Du 7 May 1743.

* Arrest du Conseil, qui ordonne qu'à compter du premier Octobre suivant, il sera perçu dix sols par augmentation sur chaque muid de Vin entrant dans Paris pour le compte des Marchands de Vin, dont le produit sera employé au remboursement des sommes dûes par la Communauté desdits Marchands de Vin.

Du 7 May 1743.

Arrest du Conseil, qui liquide à la somme de mille quatre-vingt-huit livres dix-neuf sols trois deniers, l'indemnité dûe à Antoine Bastien, Sous-Fermier des Aydes de la Généralité de Rouen, pour lui tenir lieu des Droits de Formule de la quantité de treize Rames douze mains & six feuilles de Papier qu'il a fait timbrer, & qui ont été employées à copier les Titres qui doivent être remis à M. le Maréchal de Belle-Isle, concernant l'échange fait entre le Roy & lui du Marquisat de Belle-Isle, contre plusieurs portions de Domaines.

Du 9 May 1743.

* Arrest Contradictoire du Parlement, entre Pierre Martel, Marchand

Marchand Epicier & la Communauté des Maîtres Chaircuitiers & les Officiers Inspecteurs des Porcs dé la Ville de Paris, qui maintient les Marchands Epiciers & Apoticaires Epiciers dans le droit & la possession de vendre en gros des Jam-
bons de Bayonne, Mayence, Bordeaux & d'autres Villes ès
environs, ensemble des Lards salés, des Cuisses d'Oyes & petits Lards desdites Villes, à la charge par eux de ne pouvoir les
vendre qu'en tonne ou barrique.

Du 10 May 1743.

* Sentence du Bureau de l'Hôtel de Ville de Paris, qui condamne Antoine Pichot, Voiturier par eau de Villeneuve-le-Roy,
en cent livres d'amende, pour avoir fait descendre dans le Port au
Vin de Bellefonds, deux Batteaux chargés de Vin, au préjudice
de douze Batteaux arrivés auparavant, & nonobstant les avertis-
semens à lui donnés par les Officiers Metteurs à Port, de tenir
lesdits deux Batteaux garrés jusqu'à leur rang d'arrivage ; ordonne que dans le jour il sera tenu de les faire remonter à ses
frais & dépens, pour être ensuite mis à Port à leur rang d'arrivage, & qui lui fait deffenses de récidiver, sous plus grande
peine.

Du 10 May 1743.

* Sentence du Bureau de l'Hôtel de Ville de Paris, qui condamne Pierre de la Marche, Marchand de Bois flotté, en cent
livres d'amende, pour avoir fait lâcher quatre Trains de Bois
flotté dans le Port de la Halle aux Vins, au lieu de les faire demeurer à la Garre commune au-dessus de cette Ville, pour être
descendus les uns après les autres, avoir empéché le place-
ment des Batteaux de Vin, & couvert l'entrée de l'arche ava-
lante du Pont de la Tournelle, & laquelle lui fait deffenses de
récidiver sous plus grandes peines.

Des 13 May & 31 Juillet 1742, & 14 May 1743.

* Trois Arrests du Conseil ; le premier ordonne au Procureur Général de la Cour des Aydes de Paris d'envoyer dans un

mois les motifs fur lefquels eft intervenu l'Arreft de ladite Cour du 11 Avril 1742, rendu entre le Fermier de la Marque d'Or & d'Argent, les Maîtres & Gardes de la Mercerie de Paris, les Maîtres & Gardes de l'Orfévrerie de Paris, & Simon Thiercé, l'un defdits Orfévres.

Le fecond évoque une Inftance pendante en ladite Cour des Aydes entre le Fermier de la Marque d'Or & d'Argent, & Theodore Imbert, Orfêvre, fur l'appel interjetté en ladite Cour, par ledit Imbert, d'une Sentence de l'Election de Paris.

Et le troifiéme ordonne l'exécution des Articles 1, 7, 10 & 11 du Titre des Droits de la Marque d'Or & d'Argent de l'Ordonnance de 1681, & des Arrefts des 19 Mai & 11 Aouft 1733. En confequence, que les Bagues & Cachets faifis fur lefdits Thiercé & Imbert feront marqués du Poinçon du Fermier, ou cachetés de fon Cachet, & que lefdits Thiercé & Imbert feront tenus d'en payer les Droits à proportion du Poids; deffend aux Orfévres, Jouailliers, Merciers, Lapidaires, & à tous autres d'expofer en vente aucuns Ouvrages neufs d'Or & d'Argent, montés en Pierreries de quelque nature qu'ils foient, fans les avoir préalablement fait marquer du Poinçon ou du Cachet du Fermier, à peine de confifcation & de cent livres d'amende pour chacune Piéce, &c.

Du 14 May 1743.

* Sentence du Bureau de l'Hôtel de Ville de Paris, qui condamne la Veuve Pigache, Marchande de Vin, de .... Vigny .... Jourdain, Marchands de Bois flotté, & Jean Michel, Voiturier par eau, chacun en deux cens livres d'amende, pour, par ladité Veuve Pigache, n'avoir pas fait placer le 10 Mai, & par ledit Michel n'avoir pas placé à cul-pendant d'un Batteau chargé de Bois neuf à brûler entre le Pont S. Charles & le petit Pont, pour la provifion de l'Hôtel-Dieu, & d'une Touë auffi chargée de Vins pour la même provifion, venue au nom de ladite Veuve Pigache; une feconde Touë auffi remplie de Vins; avoir par ladite Veuve fait mettre, & par ledit Michel mis ladite derniere Touë de l'autre côté à gauche, enforte que l'avalage étant bouché, un Train de Bois flotté a été nau-

fragé au paffage du petit Pont, & a empêché le montage de quatre Batteaux vuidangés, & par lefdits de Vigny & Jourdain, avoir fait defcendre ledit jour ledit Train, nonobftant que les Drapeaux fuffent arborés de la part des Maîtres des Ponts, & qui leur fait deffenfes de récidiver fous plus grandes peines.

Du 21 May 1743.

* Lettres Patentes du Roy, *regiftrées en Parlement le 26 Juin audit an*, qui décharge la Communauté des Officiers Effayeurs d'Eau-de-vie & Efprit de Vin, du dixiéme ordonné être levé par la Déclaration du Roy du 29 Août 1741, fur les rentes conftituées & à conftituer par ladite Communauté, en payant annuellement la fomme de fept mille deux cens livres.

Du 28 May 1743.

Arreft du Confeil, qui homologue le Traité fous feing privé paffé le 17 du même mois entre les Intéreffés en la Verrerie Royale des Bouteilles de Sévres, & le Sieur Baron Devaux, par lequel il eft ftipulé entre autres difpofitions, que ledit Sieur Devaux s'oblige de livrer annuellement, pendant fept ans & trois mois, deux mille Voyes de Charbon de Terre provenant de fes Carrieres de S. Etienne en Foreft, au Port de Sevres, francs & exempts de tous Droits, moyennant trente-trois livres la Voye, & ordonne l'exécution des Arrefts du Confeil des 10 Juin & 31 Octobre 1738, par lefquels il eft permis audit Sieur Baron Devaux de faire transporter à Paris par la Loire les Charbons provenans des Carrieres qu'il poffede aux environs de la Ville de S. Etienne en Foreft.

Du 30 May 1743.

* Arreft Contradictoire de la Cour des Aydes de Paris, qui infirme une Sentence des Elus de Beauvais, du 19 Avril 1742, & déboute Etienne Godard de l'infcription de faux par lui formée contre un procès-verbal des Sieurs Barbut, Evrard, & de Lorme, Infpecteur & Commis aux Aydes de ladite Ville de Beauvais.　　　　　　　　　　　　D ij

Décharge lesdits Commis des accusations & condamnations personnelles contre eux prononcées par ladite Sentence.

Décharge pareillement Jean Godefroy, Fermier des Aydes, des condamnations portées par la même Sentence.

Condamne ledit Godard en cent livres d'amende, cent cinquante livres de dommages & intérests envers lesdits Commis, & en tous les dépens, tant des causes principale que d'appel.

Deffend ausdits Elûs de Beauvais d'exécuter à l'avenir par provision en matiere criminelle les peines portées par leurs Jugemens.

A renvoyé, pour faire droit sur le principal, les Parties pardevant les Officiers de l'Election de Clermont.

Et ordonne que ledit Arrest sera imprimé, lû, publié & affiché en ladite Ville de Beauvais.

Nota. Les Moyens de faux proposés par Godard, étoient 1°. Que contre la vérité les Commis avoient dit que c'étoit hors les heures du Service Divin qu'ils étoient entrés chez lui, parce que ce fut pendant la grande Messe.

2°. Que c'étoit aussi contre la vérité qu'ils avoient dit que les deux jeunes Gens Buveurs, trouvés chez Godard, leur étoient inconnus, parce qu'en effet ils les connoissoient.

3°. Et enfin, qu'il étoit faux que l'un desdits deux Buveurs eût dit aux Sieurs Barbut & de Lorme que Godard leur vendoit le Vin six sols le pot.

La Cour des Aydes n'a eu aucun égard à ces Moyens, parce que les deux premiers étoient indifférens.

Et il y a apparence qu'elle n'a pas eu plus d'égard aux preuves rapportées sur le troisiéme Moyen, soit parce qu'elles ont été atténuées lors des confrontations des Commis à Lucien & Nicolas Rolland, parce qu'ayant été trouvés buvans, ils étoient Complices de la fraude, & en effet le Fermier ayant soutenu devant les Elûs que leur témoignage devoit être rejetté, & Godard ayant interjetté appel de la Sentence qui avoit jugé qu'ils ne devoient par être admis comme Témoins, la Cour, en infirmant cette Sentence par Arrest par deffaut rendu le 24 Mars 1741, sur la representation de Godard, a jugé que leur témoignage feroit reçû, sauf à y avoir tel égard que de raison, & qui préjuge qu'un témoignage rendu par des Particuliers trouvés buvans chez un Vendant Vin sans déclaration, n'a d'autorité qu'autant qu'il est soutenu par d'autres preuves qui le fortifient.

Du 30 *May* 1743.

* Arrest Contradictoire de la Cour des Aydes de Paris, qui infirme une Sentence des Elûs de Thouars du 16 Juillet 1732, par laquelle le procès-verbal rendu le 24 Février audit an, contre Jacques Ragot, Bouilleur d'Eau-de-vie, pour avoir depuis l'acte fait au portatif le 19 dudit mois de Février 1739, qui constate le cessé de sa premiere bouillaison, mis le feu sous sa chaudiere, sans en avoir fait une nouvelle déclaration, a été

declaré nul, faute par les Commis d'avoir requis la representation de la feuille qu'ils avoient dû laisser audit Ragot, lors de
leur précédent exercice dans laquelle devoit être énoncée la
déclaration qui faisoit le fondement dudit procès-verbal.

Et sans avoir égard au prétendu moyen de nullité adopté par
lesdits Elus, condamne ledit Ragot à la confiscation de la chaudiere & des trente-quatre veltes d'Eau-de-vie saisies, en l'a-
mende de cent livres, & en tous les dépens.

Du premier Juin 1743.

* Ordonnance de MM. les Prevost des Marchands & Echevins de la Ville de Paris, portant deffenses à tous Compagnons
de Riviere de conduire des Trains de Bois flottés, s'ils ne sont
vêtus de leurs habits, & à tous Maîtres Pêcheurs & autres Particuliers de pécher dans l'espace de la Riviere de Seine, depuis la tête du lieu appellé le Terrein jusqu'au dessous du petit
Pont, à peine de trois mois de prison.

Du 6 Juin 1743.

* Lettres Patentes du Roy, sur un Arrest du Conseil du 21
Aoust 1731, qui autorise les Inspecteurs, Visiteurs, Lan-
guayeurs & Controlleurs de Porcs à percevoir avec les huit sols
par Porc mort ou vif, & sur les demis & quarts à proportion
entrant dans Paris, à eux attribuées par l'Edit du mois de Juin
1730, un denier par livre pesant de Porc entrant dans ladite Ville
par petits morceaux, ainsi & de la même maniere qu'ils l'ont perçu en consequence de l'Edit du mois de Sptembre 1719. *Registrées au Parlement, le 27 Aoust 1744.*

Du 18 Juin 1743.

* Arrest du Conseil, & Lettres Patentes sur icelui, du 22
Aoust audit an, qui ordonnent aux Voituriers qui enleveront
par Mer des Vins, Eaux-de-vie, & autres Boissons des lieux où
les Aydes n'ont pas cours, pour les transporter dans les lieux
où ils sont dûs, de prendre avant l'enlevement desdites Bois-

fons des Lettres de Voiture ou connoiſſemens qui contiendront la véritable & certaine deſtination , & dans la forme
preſcrite par l'Ordonnance du mois de Juin 1680 , de les faire
viſer avant le départ par un Commis des Fermes du Roy , s'il y
en a d'établis dans le lieu de l'enlevement , ou par un Juge ,
Curé , ou autre Notable , qui mettront la date du vû , & feront
mention de leur qualité , ſi mieux n'aiment les Voituriers paſſer
leurs Lettres de Voiture devant Notaires , le tout à peine de
confiſcation des Boiſſons , Vaiſſeaux , Agrés , Charettes , Chevaux , Voitures & Equipages , & de cent livres d'amende , à
l'exception des Vins venans de l Etranger , pour leſquels il en
ſera uſé comme par le paſſé.

Du 18 Juin 1743.

Arreſt du Conſeil , qui permet au Sieur de Petremond , Sei-
gneur de Valay , Capitaine dans le Regiment des Cuiraſſiers ,
de faire paſſer en Lorraine les Fontes provenantes de ſon Four-
neau de Valay en Franche Comté , en exemption des Droits
de ſortie portés par l'Ordonnance de 1680 , & autres Réglemens , & notamment par l'Arreſt du Conſeil du 2 Avril 1701.

Du 24 Juin 1743.

* Arreſt du Conſeil , & Lettres Patentes , *regiſtrées en la Cour
des Aydes , le 2 Aouſt ſuivant ,* portant Réglement pour l'impo-
ſition , levée , perception & régie des Droits des Cinq Groſſes
Fermes , Gabelles , Tabac , Aydes , Dômaines , & autres dé-
pendantes des Fermes & Sous-Fermes dans les Paroiſſes , Villages , Hameaux , Fermes & Cenſes réunis à la Province de Picardie , par Arreſt & Lettres Patentes du 13 Avril 1743. *Contenant* 11 *Articles.*

Du 24 Juin 1743.

Arreſt du Conſeil , qui ordonne , conformément à celui du
13 Avril précédent , que les Habitans & Biens tenans des Paroiſſes , Villages , Hameaux , Fermes & Cenſes de Vaux , Ha-
raveſne , Raye , Rapechy , Noeux , Rollepot , Ligny , Raſche ,

Fortel, Drucas, Ligny-Prieuré, le Quesnoy, Fondeval, Laveron, Duplanty, Dusedoy, Brimeux, l'Epinoy, Villers-l'Hôpital, l'Abbaye de Dommartin, & les Parties de Dompierre la
Broye & Villancourt, qui sont au-de-là de la Riviere d'Authie, du côté de l'Artois, & enclavées dans ledit Pays ou limithrophes de la Province de Picardie, demeureront à l'avenir
assujettis à toutes les impositions qui se levent par les Etats
d'Artois ; au moyen de quoi lesdits Habitans jouiront des mêmes Droits & Priviléges dont jouissent les autres Habitans d'Artois, & seront exempts de toutes les Impositions qui se levent
en Picardie.

Du 24 Juin 1743.

Arrest du Conseil, pour faire contribuer aux Impositions qui
se levent dans la Province d'Artois, les Habitans des Paroisses, Villages, Hameaux, Fermes & Censes déclarés faire partie
de ladite Province, par celui du 13 Avril précédent, & attribue à l'Election Provinciale d'Artois la connoissance des contestations au sujet desdites Impositions, & pour fait de Noblesse,
& par appel en dernier ressort au Conseil d'Artois

Des 2 Juillet & 5 Aoust 1743.

* Arrest du Conseil, & Lettres Patentes *registrées en la Cour
des Aydes de Rouen, les 26 Novembre & 4 Décembre* 1743, qui
ordonnent que les Marchands en gros de Vin, Cidre & Poiré,
& autres Boissons, soit qu'ils demeurent dans le lieu où le Gros a
cours ou non, seront tenus de souffrir les visites, marques &
exercices des Commis, sous les peines portées par les Articles
9 du Titre 9, premier du Titre 10, & 5 du Titre 28 de l'Ordonnance des Aydes de 1680.

Du 10 Juillet 1743.

* Arrest Contradictoire de la Cour des Aydes, confirmatif
d'une Sentence de l'Election de Guise par laquelle, conformément aux Arrests du Conseil des 4 Janvier & 9 Décembre
1698, Anne le Doux, Veuve d'Armand Pannier, Vinaigrier

demeurant à Erloy, a été condamnée en la confiscation de plusieurs piéces de Cidre provenant de fruits d'achat par elle pres-
surés, pour en faire du Vinaigre, & en cent livres d'amende,
faute par ladite le Doux d'en avoir, avant le braffage, fait déclaration au Bureau des Aydes, & d'y avoir payé les Droits de
Gros & autres y joints.

Du 11 Juillet 1743.

* Ordonnance de M. Feydeau de Brou, Intendant de la
Généralité de Paris, contenant ce qui doit être observé pour la
recherche & amas des Salpêtres, & fabrication des Poudres ;
exempte les Salpêtriers du logement des Gens de guerre,
d'uftencile & de toutes contributions, & leurs Enfans, Ouvriers
& Domeftiques de tirer au Billet pour la Milice ; fixe à cinquante fols pour toutes chofes la Cotte de la Taille des Salpêtriers ; deffend de les nommer Collecteurs, & à tous Fermiers, Commis & Prépofés à la levée des Droits qui fe perçoi-
vent aux portes, ponts & paffages d'exiger aucuns Droits pour
l'Entrée des Salpêtres & Poudres, ni pour le Péage defdits
Salpêtres, Bêtes, Chevaux & Harnois portant terres, bois,
Salpêtres, cendres & autres uftenciles à l'ufage defdits Salpêtriers, avec injonction aufdits Fermiers & Commis de laiffer
paffer & repaffer lefdites Marchandifes & uftenciles, fans exiger aucune foumiffion à ce fujet ; le tout conformément à l'Arreft du Confeil, du 24 Mars 1716.

Du 13 Juillet 1743.

* Arreft Contradictoire de la Cour des Aydes, qui infirme
une Sentence des Elûs de Beauvais du 24 Avril 1742, rendue
fur l'infcription de faux formée par Etienne Louvet, Cabaretier
à Beauvais, & inftruite en ladite Election, contre un procès-
verbal des Sieurs Barbut, Infpecteur des Aydes, & Nefle, Controlleur des Entrées de ladite Ville, pour fraude de Vin diffem-
blable.

Deboute ledit Louvet de fon infcription de faux, & décharge lefdits Barbut & Nefle des accufations & condamnations

tions portées par ladite Sentence, tous dépens néanmoins compensés, tant des causes principales que d'appel & demandes, fors le coût du présent Arrest qui sera payé par moitié.

Et pour faire droit sur le procès-verbal des Commis du 6 Juillet 1740, a renvoyé les Parties pardevant les Officiers de l'Election de Clermont.

Enjoint ausdits Elus de Beauvais d'observer les Réglemens; en conséquence leur fait défenses d'exécuter par provision leurs Jugemens dans les cas où il pourroit y avoir appel.

Du 13 Juillet 1743.

* Ordonnance de Monsieur le Lieutenant Général de Police, Commissaire du Conseil, en cette Partie, qui fait défenses aux nommés Durvit, dit Laurent, & sa Mere, Conducteurs de Bestiaux, de s'immiscer dans la conduite de ceux sortant des Marchés de Sceaux & de Poissy, soit pour les Bouchers de Paris ou ceux de la Campagne, & ce à peine d'emprisonnement; & pour leur contravention, les condamne solidairement en cinquante livres d'amende, & aux dépens.

Du 16 Juillet 1743.

* Réglement & Lettres Patentes du Roy, *registrées au Parlement, le 30 desdits mois & an,* pour la Fabrique des Bas & autres Ouvrages de Bonneterie au métier qui se font dans le Royaume, contenant 61 Articles, dont les 38, 39, 40, 41, 42 & 43 indiquent les differentes marques, noms & plombs qui doivent être apposés sur chaque Piéce de Bas & autres Ouvrages au métier, & deffendent aux Fabriquans & Ouvriers de mettre sur leurs Ouvrages d'autresnoms & marques que les leurs; le tout à peine de confiscation de leurs Ouvrages & des amendes portées par lesdits Articles. Le cinquantiéme deffend à tous Marchands Forains, Voituriers, Messagers & autres, d'entreposer ni décharger aucuns desdits Ouvrages de Bonneterie ailleurs que dans les Bureaux des Marchands, & à tous Marchands, Aubergistes & autres de les recevoir dans leurs maisons & auberges; le tout à peine de confiscation & de trois cens livres

d'amende. L'Article 52 veut que les balles & ballots des Bas &
autres Ouvrages de Bonneterie qui sortiront pour l'Etranger,
soient déchargés & visités par les Marchands Bonnetiers dans
leurs Bureaux au Port d'embarquement, si c'est par mer, &
par terre, dans la Ville ou lieu par où ils sortiront, à peine de
confiscation, & de deux cens livres d'amende, payable par
corps. L'Article 53 permet aux Maîtres & Gardes desdits
Marchands de tenir dans leurs Bureaux des Registres en papier
non timbré, sur lesquels ils sont tenus d'enregistrer le nombre
des differentes sortes de Bas, & autres Ouvrages de Bonneterie, à peine de cinquante livres d'amende, moitié au profit du
Roy, & l'autre moitié en faveur des pauvres Ouvriers. L'Article 58 applique les amendes qui seront prononcées pour contravention au Réglement; sçavoir, un quart au profit du Roy,
un quart aux Gardes Jurés, & les deux autres quarts aux pauvres Ouvriers; & le cinquante-neuviéme deffend de modérer
les amendes.

Du 23 Juillet 1743.

    * Arrest Contradictoire du Conseil d'Etat, qui déboute les
Marchands Détailleurs d'Eau-de-vie de la Ville d'Amiens, de
l'opposition par eux formée à l'exécution de l'Arrest du Conseil du 13 Février 1742, & des Lettres Patentes sur icelui, du
9 Mars suivant, par lesquels il est fait deffense à ceux qui acheteront des Eaux-de-vie dans des Vaisseaux dont la contenance
est au-dessous de soixante pintes, mesure de Paris, d'en faire
l'enlevement & le transport sans en avoir fait la déclaration au
Bureau du Fermier des Aydes, & y avoir pris un congé, à
peine de confiscation & de cent livres d'amende.

    Et ordonne que lesdits Arrest du Conseil & Lettres Patentes
seront exécutés selon leur forme & teneur.

Du 27 Juillet 1743.

    Ordonnance de M. Feydeau de Brou, Intendant de la Gé-
néralité de Paris, qui condamne les Bouchers de la Ville de
Compiegne, en qualité d'Arrieres-Fermiers des Droits d'Inspecteurs aux Boucheries de ladite Ville, à rendre à l'Hôtel-

Dieu de la même Ville la somme de deux cens soixante-quatre livres treize sols neuf deniers, à laquelle a été évaluée lesdits Droits sur la quantité de quinze mille livres pesant de viande que l'Hôtel-Dieu a la faculté de faire entrer annuellement pour la consommation des Pauvres, suivant un Arrest du Conseil du 15 Aoust 1741 ; décharge Jean Godefroy, Sous-Fermier des Aydes, tant de la demande formée contre lui par l'Hôtel-Dieu, pour le payement de ladite somme de deux cens soixante-quatre livres treize sols neuf deniers, que de celle des Bouchers, tendante à avoir leur recours contre ledit Godefroy, sous prétexte qu'il n'est point fait mention dans leur Bail de l'exemption accordée à l'Hôtel-Dieu, & qu'elle n'étoit point énoncée dans leur Bail, ce qui étoit inutile au moyen de la disposition de l'Edit du mois de Février 1704, qui exempte des Droits la Viande destinée pour les Pauvres des Hôpitaux ; & ordonne que les Bouchers continueront pendant leur Bail le remboursement annuel des deux cens soixante-quatre livres treize sols neuf deniers audit Hôtel-Dieu.

Du 30 Juillet 1743.

* Arrest Contradictoire du Conseil, confirmatif de ceux du Parlement des 6 Septembre 1731 & 5 Juillet 1738, rendus en faveur du Corps des Marchands Epiciers, & Apoticaires-Epiciers de la Ville & Fauxbourgs de Paris, contre la Communauté des Limonadiers de la même Ville, par lesquels Arrests du Parlement il est reglé les quantités & nature de Marchandises & Liqueurs qui peuvent être vendues & débitées concurremment ou exclusivement par les deux Communautés, comme Eaux-de-vie, Esprit de Vin, Liqueurs, Caffé, Thé, Chocolat, tant en gros qu'en détail, & la distilation des Eaux-de-vie & autres Liqueurs.

Du 30 Juillet 1743.

* Ordonnance de M. l'Intendant de la Généralité de Paris, qui renouvelle les deffenses qui sont faites aux Huissiers, autres que ceux du Conseil, de faire aucune signification d'Actes, Re-

queftes & Procédures du miniftere defdits Huiffiers du Confeil, à peine de nullité, d'inte diction, de trois cens livres d'amende & de tous dépens, dommages & intérêts.

Du 7 Aouft 1743.

* Arreft Contradictoire de la Cour des Aydes, qui infirme une Sentence de l'Election de Paris, du 24 Avril 1741, en ce que, contre la difpofition de l'Arreft & Lettres Patentes du 27 Mars 1731, elle avoit déchargé le nommé Olivier, Portier du Château de Dampierre, de l'amende de cent livres, & de la confifcation de vingt-quatre Piéces de Vin par lui enlevées des Paroiffes de l'Election de Chartres, exemptes des Droits de Gros, & encavées dans une Cave dudit Château dépendant de l'Election de Paris, fans déclaration ni payement defdits Droits de Gros dûs à l'arrivée.

En confequence, ordonne la confifcation defdites vingt-quatre Piéces de Vin, & condamne ledit Olivier en cent livres d'amende, & en tous les dépens.

Nota. Les Vins avoient été enlevés dans les mois de Juillet & Aouft 1740, le procès verbal eft du 20 Octobre fuivant; par confequent il y a eu un intervale de près de trois mois entre l'encavement de ces Vins & la vifite des Commis : Olivier a refufé d'ouvrir fes Caves, & un autre domeftique du Château les a menacés, de forte qu'ils n'ont pû déclarer la faifie que de la jufte valeur des Vins.

Du 13 Aouft 1743.

Arreft du Confeil, qui conformément à l'avis du Sieur Decofte, Intendant des Bâtimens du Roi, & chargé de l'infpection des maifons, bâtimens, murs de clôture, Barrieres & Bureaux des Entrées de Paris appartenans à Sa Majefté, fixe à la fomme de cent cinquante livres l'indemnité prétendue par Michel Villot, Marchand de Bois à Paris, pour raifon tant des Noyers qui lui ont été abbattus, que du féjour des materiaux, & des dommages faits fur fon terrein à l'occafion, & pendant le tems de la conftruction du mur de clôture depuis la Rapée jufqu'à la Barriere de Bercy; laquelle fomme de cent cinquante livres lui fera payée par Jacques Forceville, Adjudicataire des Fermes Générales Unies, auquel il en fera tenu compte fur le prix de fon Bail.

Des 13 Aouſt 1743, & 24 Mars 1744.

* Arreſts du Conſeil; le premier par lequel Sa Majeſté a évoqué à ſoi & à ſon Conſeil les demandes en reſtitutions, & autres conteſtations nées & à naître entre les Religieux de l'Ordre des Freres Mineurs de S. François, appellés Capucins, & les Fermiers des Aydes, à l'occaſion des priviléges & exemptions prétendus par leſdits Religieux.

Deffend aux Elus, & même aux Cours des Aydes d'en connoître, juſqu'à ce qu'il ait, par Sa Majeſté, été ſtatué ſur la conteſtation.

Ordonne que la Requeſte des Fermiers ſera communiquée auſdits Religieux, pour, ſur leurs réponſes, être ordonné ce qu'il appartiendra.

Et le ſecond, Contradictoire, déboute le Procureur Général dudit Ordre, des demandes par lui formées; & ordonne que les Convens & Communautés dudit Ordre, qui ne ſeront pas compris dans les Etats d'exemption qui s'arrêtent annuellement au Conſeil, payeront les Droits d'Aydes, de Courtiers-Jaugeurs, d'Inſpecteurs aux Boiſſons, & autres Droits dépendans des Fermes, ſur les Boiſſons, Marchandiſes & Denrées deſtinées pour leurs proviſions.

Nota. Il a été expédié des Lettres Patentes ſur celui du 24 Mars 1744, qui ont été enregiſtrées aux Cours des Aydes de Paris & Rouen.

Du 17 Aouſt 1743.

* Arreſt du Conſeil, portant Réglement pour la fabrication des Futailles deſtinées à renfermer les Vins & Eaux-de-vie dans la Généralité de la Rochelle. *Contenant 20 Articles.*

Du 19 Aouſt 1743.

* Arreſt Contradictoire de la Cour des Aydes, confirmatif de la Sentence de l'Election de Tours du 22 Février 1742, par leſquels Sentence & Arreſt le Fermier des Aydes eſt maintenu dans le droit de vendre ou faire vendre en détail des Eaux-de-vie à lui appartenantes, & pour ſon compte, & nonobſtant les Statuts & Priviléges des Vinaigriers de la Ville de Tours,

en vertu defquels ils prétendoient être en droit de fabriquer &
débiter, à l'exclufion de tous autres, des Eaux-de-vie.

Nota. Cette difpofition eft fondée fur les Articles 4 & 5 du Titre 4 de la Vente en
gros & du Tranfport du Vin de l'Ordonnance des Aydes de 1680, qui permettent aux
Fermiers des Aydes de prendre le Vin pour leur compte pour le prix déclaré, & fur l'Article 10 du Titre des Droits fur l'Eau-de-vie de ladite Ordonnance, qui ordonne que
les Réglemens faits pour le Vin feront exécutés pour l'Eau-de-vie : d'où il refulte que
le Fermier des Aydes ayant le Droit d'avoir des Vins & Eaux-de-vie, ont le droit d'en
vendre & faire vendre.

Du 21 Aouſt 1743.

Arreſt Contradictoire de la Cour des Aydes, qui déclare
nulle une procédure criminelle commencée en l'Election de
Confolens, pour avoir, par les Juges, dans le cours de l'inſtance,
admis une infcription de faux, & ordonné la preuve des moyens
propofés par le nommé Jacques Greſlier, Aubergifte au Bourg
des Salles de la Vauguyon; renvoye l'affaire devant les Elus
de Poitiers, pour être inſtruite de nouveau aux frais de ceux
de Confolens ; & ordonne que l'infcription de faux & les
moyens ne pourront être admis, s'il y échoit, qu'après l'inſtruction & lors de la viſite du procès.

Du 23 Aouſt 1743.

* Sentence de Police, qui fait deffenſes à Jeanne Fauveau,
femme du Sieur Girard, avant veuve Jubin, Factrice à la Halle, & à tous autres Facteurs & Commiſſionnaires, d'injurier ni
exercer aucunes voyes de fait envers les Officiers Porteurs de
Grains, & de les troubler dans leurs fonctions; enjoint à ladite
Fauveau, femme Girard, & à tous autres de leur porter honneur & refpect, & la condamne en trente livres de dommages
intéreſts, & en tous les dépens.

Du 27 Aouſt 1743.

* Arreſt Contradictoire du Conſeil, qui, fans avoir égard aux
appels interjettés par les Habitans de Cumieres & de Hautvilliers, des Ordonnances de M. l'Intendant de Champagne, des

20 Juin, 28 Juillet 1742, & 23 Janvier 1743, qui les condamnent au payement des Droits d'Inspecteurs aux Boissons sur les Vins provenans des Vendanges par eux recueillies sur le Terroir de Damery, sujet à ces Droits, qu'ils ont fait transporter dans leur domicile à Cumieres & Hautvilliers ; ordonne que conformément à l'Edit de Février 1715, à l'Arrest du 28 Février 1741, lesdites Ordonnances seront exécutées, & par grace, modere à soixante livres l'amende de trois cens livres qui avoit été prononcée.

Du 27 Aoust 1743.

* Sentence du Bureau de la Ville, qui condamne Sebastien Epoigny, Marchand de Bois à Sens, en cinq cens livres d'amende, pour n'avoir fait viser par le Maître au Pont de Corbeil, au passage dudit Pont, au Bureau des Officiers Mouleurs de Bois établi à Choisy-le-Roy, ni à la Rapée en arrivant en cette Ville, la Lettre de Voiture passée devant Notaires, de trente-six Cordes de Bois pour la provision du Sieur Comte de Barbançon, provenant de son crû, & qui lui fait deffenses de récidiver sous plus grande peine.

Du 30 Aoust 1743.

Ordonnance de M. Feydeau de Brou, Intendant de la Généralité de Paris, qui déboute le Sieur Trioson, Medecin à Montargis, de son opposition à la contrainte contre lui décernée par Jean Godefroy, Sous-Fermier des Aydes de la Généralité de Paris, pour le payement des Droits d'Inspecteurs aux Boissons, sur vingt-trois Poinçons de Vin recueillis à Château-Landon, par ledit Sieur Trioson, & qu'il a fait conduire à Montargis, lieu de sa demeure, quoiqu'il eût soutenu que l'enlevement de son Vin ayant été fait dans les six semaines des Vendanges, les Droits n'étoient point dûs, malgré la disposition de l'Edit du mois de Février 1715 qui l'y assujettit.

Du 3 Septembre 1743.

* Arrest du Conseil, sur la Requête de Jacques Forceville Adjudicataire des Fermes Générales Unies , tendante à la cassation de celui de la Cour des Aydes du 6 Juillet précédent , pour avoir fait mainlevée de cinq Poinçons d'Esprit de Vin venus sur un Laissez passer de Beaune pour le compte du Sieur Berthot , Distilateur à Tournus , à la destination de Corbeil , déclaré Eau de Lavande , & saisi à Guignes , premier Bureau d'Entrée du plat Pays de Paris , pour sureté du payement des Droits comme Esprit de Vin , conformément à l'Edit du mois de Décembre 1686 , & à la Déclaration du 9 Décembre 1687 ; ordonne la communication de la Requête du Fermier audit Sieur Berthot pour y répondre dans le délai du Réglement , sinon qu'il sera fait droit ainsi qu'il appartiendra.

Du 7 Septembre 1743.

* Arrest du Parlement , qui ordonne que sur la somme de onze cens soixante-sept livres un sol six deniers , déposée chez James , Notaire , appartenante au Sieur Salviat , Marchand de bois à Paris , Jacques Forceville , Adjudicataire des Fermes Générales , sera payé par privilége & préférence à tous Créanciers , de deux cens cinquante cinq livres deux sols six deniers , intérests & frais à lui dûs , pour Droits de Domaine & Barrage , & quatre sols pour livre , des bois vendus par ledit Sieur Salviat.

Et qu'après ledit Forceville , les Directeurs & Administrateurs de l'Hôpital Général de Paris , seront payés aussi par privilége & préférence à tous autres Créanciers de deux cens quatre-vingt-onze livres trois sols , pour les Droits dûs audit Hôpital , à cause des bois vendus par ledit Salviat , ensemble des intérests & frais.

Du 17 Septembre 1743.

* Arrest du Conseil , qui ordonne l'exécution des anciennes Ordonnances de Police concernant l'Entrée , la Vente & le Débit

bit des Raiſins en la Ville & Fauxbourgs de Paris ; & conformément auſdites Ordonnances, fait deſſenſes d'apporter aucuns Raiſins en ladite Ville & Fauxbourgs, qui ne ſoient ac-
compagnés de certificats des Officiers de Juſtice, ou des Curés & Marguilliers, qui contiendront les noms des Propriéta-
ta res.

Ordonne que les petits paniers de Raiſin du poids de dix livres, excepté ceux deſtinés pour faire des préſens, ſeront expoſés
en vente ſur le carreau du Marché, ſans pouvoir les porter ni
entrepoſer ailleurs au dehors ni en dedans les Barrieres.

Et deſſend à tous Particuliers de s'attrouper hors & ſur les
Avenues des Barrieres des Entrées de Paris, pour aller au devant
des gens de la Campagne & paſſer les Raiſins qu'ils voudroient
faire entrer, & de commettre aucuns déſordres auſdites Barrieres, ou violences contre les Employés des Fermes : le tout
ſous les peines portées par ledit Arrêt.

Des 17 Septembre & 25 Octobre 1743.

* Arreſt du Conſeil & Lettres Patentes, *regiſtrées en la Cour
des Aydes de Paris, le* 17 *Décembre* 1743, qui ordonnent que
les Marchands en gros de Vin, Eau-de-vie, Cidre, Poiré &
& autres Boiſſons, ſoit qu'ils demeurent dans les lieux où le
Gros a cours ou non, ſeront tenus de ſouffrir les viſites, marques & exercices des Commis, ſous les peines portées par les
Articles premier du Titre VIII. des Contraintes pour le Gros,
X. du Titre des Droits ſur l'Eau-de-vie, & VII. du Titre des
Droits ſur le Cidre & Poiré de l'Ordonnance des Aydes du mois
de Juin 1680.

Du 17 Septembre 1743.

* Arreſt du Conſeil, qui régle ce qui doit être obſervé pour
la perception des Droits d'Aydes dans la Paroiſſe de Chitry,
dépendante en partie de l'Election de Tonnerre, & en partie de celle d'Auxerre.

Du 17 Septembre 1743.

Arreſt du Conſeil, qui revoque un Brevet accordé le 27 Janvier 1737 par M. le Duc de Bourbon, en qualité de Grand Maître des Mines & Minieres de France, portant conceſſion en faveur du nommé Ozée François Turcot, des Mines de Plomb du Gevaudan & des autres Mines & Minieres qu'il y pourroit découvrir; permet aux nommés Pierre-Henry Meuron, François, Auguſte & Etienne Marguerit, Freres aſſociés, leurs Hoirs & Ayans-cauſe, de continuer d'exploiter les Mines de Bahours, des Combettes, de Montmirat & d'Iſpagnac ſituées en Gevaudan, en ſe conformant aux Réglemens pour les Mines & Minieres, & deffend de les troubler dans l'exploitation deſdites Mines, à peine de trois mille livres d'amende.

Du 27 Septembre 1743.

* Sentence du Prevoſt des Marchands & Echevins de la Ville de Paris, qui condamne Denys Blanchard, Marchand de Charbon Forain de Tournan en Brie, en trois cens livres d'amende, pour avoir amené en cette Ville du Charbon de bois dans des ſacs, la plus grande partie deſquels n'étoient pas de continence, en avoir vendu dans le Fauxbourg S. Antoine au nommé Fournier Plumet des Officiers Porteurs de Charbon, & dans la vûe d'en continuer la vente dans cette Ville & dans les rues; ordonne la confiſcation ſur ledit Blanchard, au profit de l'Hôpital Général de cette Ville, de cinquante-trois ſacs dudit Charbon, & d'un ſac rempli de braiſe, deſdites Charette, Chevaux, Harnois, & d'un tas de ſept voyes & de deux ſacs de Charbon achetés par ledit Fournier, & de la ſomme de dix livres, pour tenir lieu de deux ſacs de Charbon & d'un ſac de braiſe vendus dans la Place Royale, & interdit ledit Blanchard du Commerce pendant un an; condamne pareillement ledit Fournier & les nommés Nicaiſe Bouvoiſin & Antoine Capelet, auſſi Plumets deſdits Officiers Porteurs de Charbon, chacun en cent livres d'amende, pour avoir par ledit Fournier acheté neuf ſacs dudit Charbon en chemin, avoir porté ledit

sac de braise à la Place Royale, & avoir eu dans sa boutique des mesures qui n'étoient point de continence, ni marquées à la lettre courante de l'année, par lesdits Nicaise & Bouvoisin porté chacun un sac dudit Charbon dans ladite Place Royale ; & par ledit Capelet avoir fait le Regrat de ladite Marchandise, & avoir eu dans sa boutique des mesures défectueuses ; ordonne la confiscation sur ledit Fournier de la somme de quarante livres seize sols, pour le prix desdites neuf voyes de Charbon saisies sur ledit Capelet, celle de quatre boisseaux de Charbon trouvé en sa boutique ; que les mesures tant dudit Fournier que dudit Capelet seront brisées, & interdit pour toujours ledit Fournier de porter pour lesdits Officiers, & pendant six mois, de vendre du Charbon à petites Mesures ; lesdits Nicaise & Bouvoisin de porter du Charbon pendant six mois pour lesdits Officiers, & ledit Capelet pour toujours.

FIN.

TABLE

DES

EDITS, DECLARATIONS,

ARRESTS ET REGLEMENS

RENDUS pendant la cinquiéme année du Bail de M*.
JACQUES FORCEVILLE.

Commencée le premier Octobre 1742, & finie le dernier
Septembre 1743.

CONCERNANT les Domaines de France, Controlle des Actes des Notaires,
Petits-Scels, Insinuations Laïques, Centiéme Denier, Controlle des Ex-
ploits, Greffes, Amortissemens, Francs Fiefs & nouveaux Acquêts; &
Droits reservés dans les Cours & Jurisdictions, par les Edits des mois
d'Aoust 1716, Janvier & Novembre 1717, & rétablis par la Déclaration
du 15 Mai 1722.

Du 2 Octobre 1742.

RREST du Conseil, qui supprime le Droit de
Péage prétendu par le Sieur Duc de Luxembourg,
au lieu de Migennes, Généralité de Paris.

Du 11 Octobre 1742.

* Département de Messieurs les Fermiers Généraux pour le
DOMAINES.   A

service des Fermes Royales Unies , pendant la cinquiéme année du Bail de Jacques Forceville.

Du 16 Octobre 1742.

* Sentence du Bureau de l'Hostel de Ville de Paris , qui
condamne le nommé Charlemagne, Compagnon Tailleur de
pierre , Propriétaire d'un Terrain nouvellement clos de murs ,
Rue & Faux bourg S. Jacques , en trois mille livres d'amende ,
appliquables à l'Hôpital Général de ladite Ville , pour avoir
fait ouvrir sur la face de ladite Ruë & Faux-bourg S. Jacques ,
une Porte Charretiere , avoir fait construire en aîle à droite
une Serre ou Grange de six toises de face , trois toises & demie de profondeur , & trois toises de hauteur ; & en aîle à
gauche un Edifice tenant au mur de face sur ladite Rue , de
trois toises de face sur deux toises & demie de profondeur ,
& une toise deux pieds de hauteur ; & ensuite un autre Corps
d'Edifice , non achevé , de sept toises de face , deux toises &
demie de profondeur, & une toise deux pieds de haut ; ainsi qu'un
autre Edifice ensuite , de deux toises & demie & demi pied de
face , sur deux toises & demie de profondeur , & deux toises
de hauteur du rez de Chaussée , sous l'égout des couvertures ;
laquelle ordonne que lesdits Edifices & pieds droits de Porte
Charretiere seront rasés , ladite Porte bouchée , les Matériaux
confisqués , & la Place réunie au Domaine du Roy ; & que
ledit Charlemagne sera tenu de déclarer les Entrepreneur ,
Maître Maçon , Charpentier , & Ouvriers qui ont conduit &
travaillé ausdits Ouvrages.

Du 23 Octobre 1742.

* Arrest du Conseil, qui permet au Sieur Duc de Luxembourg
de continuer de tenir un Bac sur la Riviere d'Oyse , au lieu
de Précy , Généralité de Paris , & d'en percevoir les Droits
suivant le Tarif y énoncé.

Du 30 Octobre 1742.

Arrest du Conseil, qui attribue à M. l'Intendant de Lyon la connoissance des contestations qui pourront être formées pour raison des Droits de Navigation de la Riviere de Loire, depuis Roanne jusqu'à S. Rambert.

Du 20 Novembre 1742.

* Lettres Patentes du Roy, *registrées au Parlement*, le 11 *Décembre* 1742, portant révocation de l'Arrest du Conseil & Lettres Patentes des 4 & 18 Décembre 1731, & que les Gens de Main-morte, qui feront des acquisitions d'immeubles dans la Directe & Justice de Sa Majesté, payeront le Droit d'indemnité en rentes payables au Domaine, conformément à la Déclaration du 21 Novembre 1724, encore que ce Droit ne monte pas à la somme de soixante livres, nonobstant lesdits Arrest & Lettres Patentes de 1731, par lesquels il est ordonné que ledit Droit d'indemnité seroit payé en argent, lorsqu'il n'excéderoit pas ladite somme de soixante livres.

Du 20 Novembre 1742.

* Arrest du Conseil, qui déboute plusieurs Acquéreurs des Droits d'Echange de leur opposition à l'Arrest du 11 Octobre 1737, & en conséquence les condamne à rendre & restituer au Fermier du Domaine lesdits Droits d'Echange qu'ils se trouveront avoir perçûs dans différentes Paroisses & lieux dont ils n'auront pas payé le doublement ordonné par la Déclaration du 11 Aoust 1705, & leur fait deffenses d'en percevoir aucun à l'avenir, à peine de restitution du quadruple & de trois mille livres d'amende.

Du 27 Novembre 1742.

* Arrest du Conseil, qui juge que le plus fort Droit de Controlle d'une Transaction portant cession de biens a venir, qui ne peuvent être évalués, a été légitimement perçû, & que

4

le demi Centiéme denier des biens immeubles cedés & rétro-
cedés par ladite Transaction, sera payé aux Bureaux de la si-
tuation des biens, en affirmant auldirs Bureaux, par ceux qui
en doivent jouir, de la valeur & consistance desdits biens.

Du 27 Novembre 1742.

* Arrest du Conseil, qui permet aux Bourgeois & Habitans
de la Ville de Caudebec, d'accepter à leur profit la rétrocession à eux offerte par Pierre Lestiboudors, d'une Maison située
en Franche Bourgeoisie de la Ville de Caudebec, à lui ven-
due par les Sieurs d'Aller, pour servir de Cazernes aux Troupes, & les condamne à payer au Fermier du Domaine du Roy
les Droits de Controlle, Centiéme denier, Amortissement &
indemnité de ladite rétrocession ; liquide la rente d'indemnité dûe à Sa Majesté à cause de ladite Maison, à la somme de
six livres dix-sept sols six deniers, à raison du quart de la somme
qui est dûe en Normandie pour l'indemnité des biens tenus en
Censive de Sa Majesté ; & fixe le Droit d'Insinuation de la quittance dudit Droit d'indemnité à la somme de quarante livres
& les quatre sols pour livre.

Du 30 Novembre 1742.

* Arrest du Conseil, qui ordonne l'exécution des Ordonnances de M. le Bailly & Capitaine des Chasses de la Varenne
des Thuilleries, des 10 Octobre 1740 & 16 Juillet 1742, concernant les Chemins de Traverses ou Sentiers qui se trouvent
dans ladite Capitainerie, & enjoint aux Seigneurs Hauts Justi-
ciers qui possedent des Terres dans l'étendue de la Capitainerie, de fournir audit Sieur Bailly, Capitaine des Chasses, des
Plans exacts de tous les chemins, tant grands que de traverse,
& autres petits chemins ou sentiers qui sont dans l'étendue de
leurs Seigneuries, pour, sur lesdits Plans, constater ceux desdits chemins ou sentiers qui doivent subsister ou être supprimés
pour la conservation du Gibier.

Du premier Décembre 1742.

* Ordonnance du Roy, portant deffense à tous Voituriers, même à ceux des Adjudicataires des Bois des Forefts de S. Germain en Laye, Marly, Fontainebleau & Compiegne, de paffer dans les routes faites pour le plaifir & la commodité de la chaffe, à peine de dix livres d'amende pour chacune contravention, payable fans déport.

Du 14 Décembre 1742.

* Arreft Contradictoire de la Cour des Aydes de Paris, qui, fans avoir égard aux lettres de refcifion prifes en Chancellerie par le Sieur Baron de Bornes, contre l'acte de cautionnement par lui fourni pour le Sieur Pacheque, Receveur des Aydes, expofitives qu'il étoit Mineur, quand il a paffé ledit acte, & qu'il ne pouvoit engager les biens fonds qu'il y a hypotéqués, parce que fon pere les lui a cédés pour fa nourriture & entretien, fans pouvoir être faifis, l'a débouté de l'oppofition qu'il avoit formée à la contrainte décernée contre lui par le Fermier des Aydes, pour avoir payement de la fomme dont ledit Pacheque eft reliquataire, & ordonne que fur les deniers, loyers & fermages faifis fur le Sieur Baron de Bornes, le Fermier des Aydes fera payé par privilege & préférence de la fomme portée en ladite contrainte, avec intérêts & dépens.

Du 7 Janvier 1743.

* Lettres Patentes, qui confirment un Traité fait entre les Commiffaires du Roy & ceux députés par l'Affemblée des Etats de la Province de Languedoc, pour un emprunt de trois millions, exemptent des Droits de Controlle & de petit Scel, les Contrats de Conftitution & quittances de rembourfement qui feront paffés pour raifon dudit emprunt. *Regiftrées en Parlement, le premier Février* 1743.

Du 8 Janvier 1743.

* Arreſt du Conſeil, qui permet à Jean Fourmentin & Jean-Baptiſte du Petit-Rieux, Fermiers des Caroſſes & Meſſageries d'Orleans, Berry, Touraine, Anjou, Poitou, Normandie, Bretagne, le Maine, Perigord, Aunis, Bourdelois & Bayonnois & leurs Sous-Fermiers, tant en droiture que de traverſe, de continuer la perception du quart en ſus du prix de leurs voitures juſqu'au dernier Juin 1743.

Du 21 Janvier 1743.

* Arreſt de la Chambre des Comptes, portant Réglement pour la repréſentation des Titres en la Chambre, en exécution de la Déclaration du Roy du 14 Mars 1741. *Contenant 8 Articles.*

Du 22 Janvier 1743.

* Arreſt du Conſeil, qui ordonne que les meubles & effets ſaiſis ſur un Adjudicataire de Bois Eccléſiaſtiques, faute de payement des termes échus, ſeront vendus à la pourſuite du Receveur Général, nonobſtant toutes oppoſitions faites & à faire, & attendu un dérangement apparent dans les affaires dudit Adjudicataire; permet de ſaiſir ſes biens & autres effets, pour ſûreté des termes à échoir des Bois du Roy dont il eſt auſſi Adjudicataire, nonobſtant que les termes dudit Adjudicataire des Bois du Roy ne ſoient pas échûs.

Du 29 Janvier 1743.

* Arreſt du Conſeil, qui ordonne que toutes les inſtances & affaires reſtantes du Bail de feu Pierre Carlier, Adjudicataire des Fermes Générales Unies, ſeront continuées, repriſes & pourſuivies, inſtruites, jugées & réglées ſous le nom de Nicolas-Adrien Bonnemain en la maniere accoutumée, comme elles l'auroient pu être ſous le nom dudit Carlier.

Du 29 Janvier 1743.

* Réglement & Lettres Patentes du Roy, *regiftrées au Parlement de Metz, le 18 Février 1743*, pour les différentes fortes de Draps qui fe fabriquent dans la Manufacture de Sedan, *Contenant 85 Articles*, dont le feiziéme veut que les nom & furnom du Fabriquant, le lieu de la Fabrique, & les qualités des Draps foient brodés à la tête & à la queue de chaque Piéce, à peine de confifcation & de cent livres d'amende ; le dix-feptiéme deffend aux Fabriquans de mettre fur les Draps de leurs Fabriques le nom d'un autre Fabriquant, à peine de confifcation, trois cens livres d'amende, déchéance de Maîtrife, & d'interdiction du Commerce ; le dix-huitiéme deffend l'entrée dans Sedan, d'autres Laines d'Efpagne que celles appellées Primes Segovies, Primes Segovianes, fecondes Segovies, fecondes Segovianes, & fecondes Sories, à peine de confifcation & de cent livres d'amende ; le vingt-deuxiéme ordonne au Receveur des Fermes du Bureau de Torcy, de fournir aux Jurés Fabriquans une expédition contenant le nombre de Balles de Laines qui feront paffées par le Bureau, avec les noms des Fabriquans & autres aufquels elles feront adreffées, à peine de cent livres d'amende ; le quarante-uniéme veut que les Draps fabriqués conformément au Réglement, foient marqués avec de l'encre à imprimer par les Jurés à la tête de chaque Piéce ; le quarante-feptiéme veut que les Draps foient encore vifités & marqués d'un Plomb à la tête de chaque Piéce, au retour du Foulon ; l'Article cinquante ordonne que les Draps feront mefurés, aulnés, & marqués à la tête de chaque Piéce d'un Plomb, portant d'un côté, Aulneur Juré de Sedan, & de l'autre, l'aulnage jufte en chiffres, à peine de trois cens livres d'amende contre l'Aulneur Juré ; le cinquante quatriéme veut que les Draps foient marqués en tête avant que d'être mis en Teinture, d'un Plomb portant ces mots, *vû en blanc* ; le cinquante cinquiéme veut qu'après la Teinture ils foient portés au Bureau de Fabrique, pour être vifités & marqués à la tête & à la queue de chaque Piéce par les Gardes Jurés, des Plombs ordonnés par l'Article 57 ; le foixante-dix-huitiéme deffend aux Marchands d'avoir

dans leurs maifons, boutiques & magafins ou ailleurs, de vendre ni expofer en vente aucune Piéce entiere de Drap, qu'elle
n'ait à la tête & à la queue les marques ordonnées par l'Article
16, & de garder aucunes demies Piéces defdits Draps, qu'elles
n'ayent un Plomb, à peine de confifcation & de trois cens livres d'amende : l'Article quatre-vingt-un applique les amendes, fçavoir, celles prononcées contre les Fabriquans, un quart
au profit du Roy, un quart au profit des Gardes-Jurés, & la
moitié aux pauvres Ouvriers de la Manufacture, & celles contre les Ouvriers à ceux defdits Ouvriers pauvres & indigens,
& l'Article quatre-vingt-trois porte que les Regiftres tenus par
les Gardes-Jurés & Aulneurs, les Procès-verbaux de nomina-
tion defdits Jurés, enfemble les comptes qui feront par eux
rendus, & les copies qui pourront en être faites, feront faites
& expédiées en papier non timbré.

Du 9 Février 1743.

*Décifion du Confeil, pour faire payer par l'Hoftel-Dieu de
Dourdan, le Droit de Centiéme denier d'une rente perpétuelle
& non rachetable à lui donnée par M. Paffart, & hypotéquée
fur l'univerfalité de fes biens, & qui, par une tranfaction pofté-
rieure, a été tranfportée & hypotéquée fur une portion feulement de ces mêmes biens.

Du 19 Février 1743.

* Arreft du Confeil, qui rétablit & maintient la Dame Megret dans le Droit de Péage par elle prétendu a Theil, Généralité de Paris, conformément au Tarif y énoncé, & en exempte
les grains, farines & légumes verds ou fecs.

Du 19 Février 1743.

* Arreft du Confeil, qui condamne les Sieurs Marceau,
Charles & Durande, chacun en cinq cens livres d'amende,
pour avoir figné avec les Parties un accord fous feing privé,
& avoir conclu à l'admiffion d'icelui au Parlement de Dijon,

le

le Greffier dudit Parlement en une amende de trois cens livres,
pour avoir redigé ledit Arrest d'admission, & les Parties chacune en trois cens livres d'amende, & à la restitution des Droits
de Controlle dudit accord.

Et par lequel il est ordonné que les Greffiers des Cours &
Jurisdictions seront tenus de faire controller à leur diligence,
& dans la quinzaine de leurs dattes, tous les Arrests & jugemens rendus par forme d'expédient, sous les peines portées par
les Réglemens qui concernent le Controlle des Actes.

Du 19 Février 1743.

Arrest du Conseil, entre Charles Barbier, Sous-Fermier
des Domaines & Droits y joints de la Ville & Généralité de
Paris, du Bail expiré au dernier Décembre 1738.

Son Altesse Sérénissime Monseigneur le Comte de Clermont,
comme Abbé de l'Abbaye de S. Germain des Prés, les Prieur
& Religieux de ladite Abbaye.

Et les Héritiers & Légataires de feu M. le Cardinal de Bissy,
ci-devant Abbé de ladite Abbaye de S. Germain des Prés.

Qui ordonne qu'il sera levé un Plan figuratif des Terrains
qu'occupoient les Murs, Fossés, Remparts & Contrescarpe
de Nesle & lieux adjacents, depuis l'endroit où étoit la porte
de Nesle, jusqu'à celui où étoit la porte dite S. Michel, & des
Terrains de grands & petits Hôtels de Nesle, ainsi que de chacune des Maisons étant sur lesdits Terrains & lieux adjacents,
& que les Propriétaires des Maisons, Terrains & lieux susdits
seront tenus de remettre huitaine après la sommation qui leur
sera faite, les Titres de leur propriété, ensemble ceux de la
propriété de leurs Auteurs, & tous les autres Titres qui pour-
roient constater la Directe de Sa Majesté, à l'effet d'en être
dressé procès-verbal, &c.

Du 20 Février 1743.

* Arrest de la Cour des Comptes, Aydes & Finances de
Montpellier, qui déboute les Sieurs Michel Blanc, & Héritiers Riberolles, de la demande par eux formée en décharge

du cautionnement qu'ils avoient fourni à Forceville, Fermier des Domaines, Controlle des Actes & Droits y joints des Généralités de Montpellier, Toulouse & autres, pour sûreté de la Recette du Sieur Jean Blanc, Commis Buraliste à Toulouse.

Et condamne lesdits Michel Blanc & Héritiers Riberolles, solidairement au payement de la somme de dix mille livres, conformément à leur cautionnement, avec les intérests d'icelle du jour de l'Arrest ; à quoi faire lesdits Jean & Michel Blanc seront contraints par toutes voyes & par corps, & lesdits Héritiers Riberolles par toutes voyes dûes & raisonnables, & les uns & les autres aux dépens solidairement.

Du 22 Février 1743.

* Arrest de la Cour de Parlement, rendu entre Maistre Jacques le Riche, Receveur Général des Domaines & Bois de la Généralité de Paris ; Jacques Borel, Marchand à Fontainebleau, débiteur d'un billet de mille cinquante livres, provenant de la succession de Joseph Simon, Savoyard de nation, ordonne que nonobstant que ledit Borel ait prétendu avoir payé au Marquis de Montmorin, Gouverneur de Fontainebleau, & Donataire par le Roy des Droits Seigneuriaux, les Sentences de la Chambre du Domaine & Trésor du Palais à Paris, qui ont adjugé au Domaine du Roy ladite succession à titre de deshérence, seront exécutées par provision ; & condamne ledit Borel aux dépens.

Du 26 Février 1743.

* Arrest du Conseil, qui ordonne que le recolement des Titres, Papiers & autres Actes étant au Greffe & dans les Archives des Villes & Communautés du Royaume, sera fait annuellement, & fait deffenses ausdites Villes & Communautés de plus commettre à l'avenir aucuns Secretaires & Greffiers, sous quelque dénomination que ce soit.

Des 26 Février, & 22 Mars 1743.

* Lettres Patentes sur Arrest, qui commettent le Sieur Vin-

cent Gravier, pour achever les exercices du feu Sieur Biberon de Comercy, Receveur Général des Domaines & Bois de la Généralité de Paris, chargé par Edit de Juillet 1715, du recouvrement des quatorze deniers pour livre des Bois du Roy & Ecclésiastiques. *Regiſtrées en la Chambre des Comptes, le 30 Mars 1743.*

Du 4 Mars 1743.

* Arreſt du Conſeil, qui ordonne que celui du 11 Septembre 1703, ſera exécuté ſelon ſa forme & teneur, & conformément à icelui, caſſe & annulle la Commiſſion de Voyer particulier donnée par les Tréſoriers de France de la Rochelle, au nommé Sibille de Gaſtines, & toutes autres ſemblables Commiſſions par eux données : leur fait deffenſes & à tous les Tréſoriers de France des autres Bureaux des Finances du Royaume, d'en délivrer de nouvelles à l'avenir, & à ceux qui auront de ſemblables Commiſſions, d'en faire aucunes fonctions, à peine de concuſſion, & de quinze cens livres d'amende.

Du 5 Mars 1743.

* Arreſt du Conſeil, qui ordonne que les Adjudicataires des Domaines par reventes, fourniront aux Fermiers des Domaines des Expéditions en forme de leurs Contrats d'aliénation.

Du 5 Mars 1743.

* Arreſt du Conſeil, qui renvoye le Héritiers Bourgoin, Propriétaires de deux Maiſons bâties ſur les foſſés & remparts de Paris, à ſe pourvoir pardevant les Juges qui en doivent connoître au ſujet de la demande formée contre eux par le Sieur le Riche, Receveur Général des Domaines & Bois de la Généralité de Paris, des Droits de Lods & vente de l'acquiſition faite par leur Pere deſdites Maiſons.

Ordonne par proviſion que la Sentence de la Chambre du Domaine & Tréſor du Palais à Paris, qui condamne leſdits Héritiers de payer leſdits Droits audit Receveur Général, & dont étoit appel, ſera exécutée.

Que le Prieur Commendataire, les Religieux & le Prieur Clauſtral de S. Martin des Champs, qui ont ci-devant reçû les Droits, ſeront tenus d'indemniſer leſdits Héritiers des cauſes de ladite condamnation, juſqu'à concurrence des ſommes par eux reçûes.

Du 6 Mars 1743.

* Arreſt du Grand Conſeil, rendu au profit de Meſſire André Bernard-Conſtance de Forbin d'Oppede, Abbé Commendataire de l'Abbaye de S. Florent de Saumur, & de S. Florent-le-vieil, pour raiſon de la foi & hommage, Droit de rachat & autres Droits Seigneuriaux.

Du 19 Mars 1743.

Arreſt du Conſeil, ſur une Inſtance entre M. l'Amiral & les Officiers de l'Amirauté de Marſeille, d'une part, & le Sous-Fermier des Domaines & Droits y joints de Provence, d'autre part, au ſujet des Droits reſervés par l'Edit du mois d'Aouſt 1716, & la Déclaration du 3 Aouſt 1732, qui ordonne avant faire droit ſur ladite Inſtance, que les Jugemens, Procès-verbaux, Expéditions & autres Actes ſujets auſdits Droits, continueront d'être délivrés par le Greffier de l'Amirauté, lequel ſera tenu néanmoins de ſe faire payer par les Parties les Droits ſur chacun deſdits Jugemens, Procès-verbaux, Expéditions & autres Actes en conformité deſdits Edit & Déclaration, pour en être par lui compté après le Jugement de l'Inſtance, à qui il ſera ordonné par l'Arreſt qui interviendra.

Du 19 Mars 1743.

* Arreſt du Conſeil, concernant les Droits de Controlle, Inſinuation & Centiéme Denier des adjudications & délivrances des Bois de la Foreſt du Comté d'Eu, des Procès-verbaux des Gardes deſdits Bois, &c. *Contenant* 13 *Articles.*

Du 22 Mars 1743.

* Ordonnance de M. l'Intendant de la Généralité de Paris, contenant plusieurs dispositions pour la perception des Droits de présentation, défauts, congés & controlle d'iceux dans les Bailliages, Présidiaux & autres Justices Royales de ladite Généralité.

Du 13 Avril 1743.

* Arrest du Conseil, & Lettres Patentes, *registrées en la Cour des Aydes, le 24 May suivant*, qui réunissent à la Province de Picardie plusieurs Paroisses enclavées dans celle d'Artois, & à la Province d'Artois plusieurs Paroisses enclavées dans celle de Picardie, avec les Arrests du Conseil des 8 Septembre 1739, & 10 May 1740, & le Jugement des Commissaires du Conseil du 27 Juillet 1741, concernant lesdites enclaves.

Du 29 May 1743.

* Arrest de la Cour du Parlement, qui juge qu'un Diamant trouvé dans la Riviere, & porté au Bureau des Orfévres comme épave par l'Inventeur, est épave, & qui en conséquence de l'attribuion faite par les Ordonnances au profit des Maîtres & Gardes de l'Orfévrerie, Joyaillerie de Paris; ordonne qu'il appartiendra un tiers dudit Diamant ausdits Maîtres & Gardes de l'Orfévrerie, & que la vente en sera faite dans leur Bureau, en présence du Sieur Charron, Ecuyer, Receveur Général du Domaine, & sans qu'ils puissent repeter aucuns frais de vente, & qu'il en sera remis un tiers audit Receveur Général, & un autre tiers à l'Inventeur.

Du premier Juin 1743.

* Ordonnance du Roy, concernant la Chasse, qui permet de faire faucher les Prés avant la S. Jean.

Du 4 Juin 1743.

Arreſt du Conſeil, portant que Jacques Forceville, Adjudicataire des Fermes Générales Unies, ſe chargera en recette
outre & par-deſſus le prix de ſon Bail, dans le compte de l'année 1740, de la ſomme de deux cens dix-huit mille vingt-ſept
livres onze ſols; ſçavoir, deux cens douze mille cinq cens ſoi-
xante-douze livres pour le produit du fonds des amendes de
Conſignation pendant les ſix années des ſous-baux des Domaines faits par Nicolas Desboves, commencés le premier Janvier 1739, & finis le dernier Décembre 1738, & cinq mille
quatre cens cinquante-cinq livres onze ſols, pour les arrérages
échus pendant le Bail dudit Desboves, de quelques rentes faites par ſurencheres ſur des parties de Domaines aliénés dont il
devoit auſſi compter outre & par-deſſus le prix de ſon Bail.

Du 18 Juin 1743.

Arreſt du Conſeil, ſur la Requeſte de Jacques Forceville,
Adjudicataire des Fermes Générales Unies, tendante à jouir
des gages intermédiaires de l'Office de Secretaire du Roy du
grand Collége vendu par le Sieur Giraut Rameau, au Sieur de
Selles fils, & par ledit Sieur de Selles à ſon Pere, & ce depuis
le jour du contrat de vente paſſé entre le Sieur Rameau & le
Sieur de Selles fils, juſqu'à la reception du Sieur de Selles pere;
ordonne que ladite Requeſte ſera communiquée audit Sieur
de Selles pere, pour y fournir de réponſe dans le délai du Réglement, & être enſuite ordonné ce qu'il appartiendra.

Du 24 Juin 1743.

* Arreſt du Conſeil, & Lettres Patentes, *regiſtrées en la Cour
des Aydes, le 2 Aouſt ſuivant*, portant Réglement pour l'impo-
ſition, levée, perception & régie des Droits des Cinq Groſſes
Fermes, Gabelles, Tabac, Aydes, Domaines, & autres dépendans des Fermes & Sous-Fermes dans les Paroiſſes, Villa-

ges, Hameaux, Fermes & Cenfes réunis à la Province de Picardie, par Arreſt & Lettres Patentes du 13 Avril 1743. *Con-*
tenant 11 *Articles.*

Du 24 Juin 1743.

Arreſt du Conſeil, qui ordonne, conformément à celui du
13 Avril précédent, que les Habitans & Biens-tenans des Paroiſſes, Villages, Hameaux, Fermes & Cenſes de Vaux, Ha-
raveſne, Raye, Rapechy, Noeux, Rollepot, Ligny, Raſche,
Fortel, Drucas, Ligny-Prieuré, le Queſnoy, Fondeval, Laveron, Duplanty, Doſedoy, Brimeux, l'Epinoy, Villers-l'Hôpital, l'Abbaye de Dommartin, & les Parties de Dompierre, la
Broye & Villancourt, qui ſont au-de-là de la Riviere d'Authie, du côté de l'Artois, & enclavées dans ledit Pays ou limithrophes de la Province de Picardie, demeureront à l'avenir
aſſujettis à toutes les impoſitions qui ſe levent par les Etats
d'Artois ; au moyen de quoi leſdits Habitans jouiront des mêmes Droits & Priviléges dont jouiſſent les autres Habitans d'Artois, & ſeront exempts de toutes les Impoſitions qui ſe levent
en Picardie.

Du 24 Juin 1743.

Arreſt du Conſeil, pour faire contribuer aux Impoſitions qui
ſe levent dans la Province d'Artois, les Habitans des Paroiſſes, Villages, Hameaux, Fermes & Cenſes déclarés faire partie
de ladite Province, par celui du 13 Avril précédent, & attribue à l'Election Provinciale d'Artois la connoiſſance des conteſtations au ſujet deſdites Impoſitions, & pour fait de Nobleſſe,
& par appel en dernier reſſort au Conſeil d'Artois.

Du 9 Juillet 1743.

* Arreſt du Conſeil, qui, conformément à l'Ordonnance de
Moulins de 1556, & ſans avoir égard aux Arreſts du Parlement
de Rouen des 27 Aouſt 1737 & 18 Mars 1739, ordonne l'exé-

cution d'une Sentence du Bureau des Finances de Caen du 27 Juillet 1737, laquelle avoit adjugé à Sa Majesté la provision des Droits Seigneuriaux dûs pour raison de la Terre de Cardouville, dont la mouvance étoit en contestation entre Sa Majesté & les Prieur & Religieux de l'Abbaye de S. Etienne de Caen; & condamne les Religieux à restituer au Receveur Général de Caen les Droits par eux reçus, & les condamne au coust de l'Arrest.

Du 16 Juillet 1743.

* Réglement & Lettres Patentes du Roy, *registrées au Parlement, le 30 desdits mois & an*, pour la Fabrique des Bas & autres Ouvrages de Bonneterie au métier qui se font dans le Royaume, contenant 61 Articles, dont les 38, 39, 40, 41, 42 & 43 indiquent les differentes marques, noms & plombs qui doivent être apposés sur chaque Piéce de Bas & autres Ouvrages au métier, & deffendent aux Fabriquans & Ouvriers de mettre sur leurs Ouvrages d'autresnoms & marques que les leurs; le tout à peine de confiscation de leurs Ouvrages & des amendes portées par lesdits Articles. Le cinquantiéme deffend à tous Marchands Forains, Voituriers, Messagers & autres, d'entreposer ni décharger aucuns desdits Ouvrages de Bonneterie ailleurs que dans les Bureaux des Marchands, & à tous Marchands, Aubergistes & autres de les recevoir dans leurs maisons & auberges; le tout à peine de confiscation & de trois cens livres d'amende. L'Article 52 veut que les balles & ballots des Bas & autres Ouvrages de Bonneterie qui sortiront pour l'Etranger, soient déchargés & visités par les Marchands Bonnetiers dans leurs Bureaux au Port d'embarquement, si c'est par mer, & par terre, dans la Ville ou lieu par où ils sortiront, à peine de confiscation, & de deux cens livres d'amende, payable par corps. L'Article 53 permet aux Maîtres & Gardes desdits Marchands de tenir dans leurs Bureaux des Registres en papier non timbré, sur lesquels ils sont tenus d'enregistrer le nombre des differentes sortes de Bas, & autres Ouvrages de Bonneterie, à peine de cinquante livres d'amende, moitié au profit du Roy, & l'autre moitié en faveur des pauvres Ouvriers. L'Article

cle 58 applique les amendes qui feront prononcées pour contravention au Réglement ; fçavoir, un quart au profit du Roy, un quart aux Gardes Jurés, & les deux autres quarts aux pauvres Ouvriers ; & le cinquante-neuviéme deffend de modérer les amendes.

Du 16 Juillet 1743.

Arreſt du Conſeil, qui confirme l'adjudication des reparations à faire pour le retabliſſement du mur de la voûte des cachots des priſons de Valence, du prix deſquelles l'Entrepreneur ſera payé ſur les Ordonnances de M. l'Intendant en Dauphiné, par Jacques Forceville, Adjudicataire des Fermes Générales Unies, auquel il en ſera tenu compte ſur le prix de ſon Bail.

Du 23 Juillet 1743.

Arreſt du Conſeil, qui, par grace & ſans tirer à conſequence, modére les amendes, dommages, intéreſts & autres peines prononcées par Jugement de M. l'Intendant de la Généralité d'Auſch & Pau, du 11 Février précédent, contre les Habitans de la Communauté de Bonac, pour rebellion par eux commiſe contre les Employés des Fermes, à l'occaſion de la déplantation du Tabac ſemé par differens Particuliers de la Vallée de Couſerans ; maintient auſſi par grace les Habitans de ladite Communauté de Bonac dans le libre uſage de leurs Priviléges & de leurs Communaux, dont la revocation avoit été prononcée par ledit Jugement, à la charge de payer annuellement au Domaine du Roy une redevance ou albergue de dix livres, pour jouir deſdits Communaux ; ordonne, conformément au même Jugement, que leſdits Habitans demeureront deſarmés, & que leurs armes ſeront dépoſées dans la Maiſon Commune de Bonac dont les Conſuls garderont la clef, ſans que, ſous aucun prétexte, leſdits Conſuls puiſſent remettre leſdites armes aux Habitans, que dans le cas d'une néceſſité indiſpenſable, ſoit pour leur légitime deffenſe, en cas d'invaſion de la part de quelque Peuple Etranger, ſoit pour la chaſſe des Bêtes féroces ; & à la charge par leſdits Conſuls de les faire remettre incontinent après dans ladite Maiſon Commune, à

peine d'en demeurer responsables en leurs noms ; & ordonne
au surplus l'exécution dudit Jugement, du 11 Février de ladite année 1743.

Du 27 Juillet 1743.

* Jugement Souverain, rendu par M. Feydeau de Brou, Intendant de la Généralité de Paris, & Commissaire du Conseil
en cette partie, qui condamne Martin Vernier, Fermier du
Bac d'Asnieres & sa femme solidairement en cinq cens livres
de restitution appliquables aux Pauvres de la Paroisse d'Asnieres ; & en cent livres d'amende envers le Roy, pour avoir
tant par eux que par Marie Lhomme leur servante, & Pierre
Bertray leur garçon passeur audit Bac, exigé des Droits plus
forts que ceux réglés par le Tarif inséré dans l'Arrest du 25
Aoust 1733 ; deffend audit Fermier d'en percevoir d'autres que
ceux fixés par ledit Tarif ; lui enjoint de faire attacher une pla-
que de fer blanc, contenant la Pancarte bien écrite des Droits
portés audit Tarif.

Du 30 Juillet 1743.

* Arrest du Conseil, qui casse & annulle plusieurs Arrests de
la Cour des Monnoyes, comme rendus par Juges incompé-
tens, par lesquels cette Cour avoit ordonné l'enregistrement
d'une saisie réelle faite à la Requeste des Gardes de l'Orfévrerie, d'une Maison sise à Paris, adjugée à Sa Majesté à titre de
confiscation, par Arrest de Coutumace de ladite Cour des
Monnoyes, pour raison des dommages & intérests adjugés ausdits Orfévres par ledit Arrest de Coutumace.

Et ordonne que s'il y a lieu à la vente de ladite Maison, elle
sera faite en la maniere accoutumée au Bureau des Finances
sur trois publications à la Requeste du Procureur du Roy,
poursuite & diligence du Sieur Charron, Receveur Général
des Domaines & Bois.

Du 30 Juillet 1743.

* Ordonnance de M. l'Intendant de la Généralité de Paris,

qui renouvelle les deffenses qui sont faites aux Huissiers, autres que ceux du Conseil, de faire aucune signification d'Actes, Requestes & Procédures du ministere desdits Huissiers du Conseil, à peine de nullité, d'interdiction, de trois cens livres d'amende, & de tous dépens, dommages & intérests.

Du 3 Aoust 1743.

* Décision du Conseil, qui confirme une Ordonnance de M. l'Intendant d'Orleans, du 9 Février précédent, par laquelle le Sieur Paul Heré & sa Femme ont été condamnés au payement du Droit de Controlle & de Centiéme Denier d'un Acte sous seing privé énoncé comme Acte verbal dans un autre reçu par Guenois, Notaire à Blois, faute de l'avoir representé, controllé & insinué.

Du 6 Aoust 1743.

Décision du Conseil, qui, du consentement du Fermier, décharge du Droit de Franc-Fief le Sieur Boutault, sur la representation par lui faite des Lettres de Vétérances obtenues par feu son Pere, en qualité de Sécretaire du Roy.

Du 7 Aoust 1743.

* Arrest de la Cour du Parlement, rendu sur l'intervention, & ouy Monsieur le Procureur Général en la Grand'Chambre, qui déclare la Terre du Hazoy & Grurie de Bethify y jointe, sise dans la Coutume de Valois en la Mouvance de Sa Majesté, à cause de sa grosse Tour de Compiegne, sujette, en cas de mutation, à tous les Droits portés par cette Coutume, nonobstant d'anciens aveux de cette Terre, qui paroissoient ne l'assujettir qu'aux simples Droits de foi & hommage, attendu que ces aveux ne pouvoient être regardés comme reçus définitivement en la Chambre des Comptes, faute de vérification & publication sur les lieux, conformément à la disposition de l'Arrest de ladite Chambre du 4 Février 1511.

Du 23 Aouſt 1743.

* Ordonnance du Bureau des Finances & Grands Voyers de la Généralité de Paris, qui fait deffenſes d'abattre, couper, rompre & endommager les Arbres plantés le long des grands chemins, ni d'en combler les foſſés.

Du 25 Aouſt 1743.

* Arreſt de la Cour du Parlement de Rouen, qui confirme les Arreſts ci-devant rendus en ladite Cour les 7 Juin 1655, 16 Janvier 1730 & 8 Mars 1732, en faveur des Propriétaires des Sergenteries Nobles de la Province de Normandie, contre les Huiſſiers des Juriſdictions de ladite Province.

Du 2 Septembre 1743.

* Arreſt de la Cour du Parlement, qui juge qu'une Contrainte décernée par un Receveur Général des Domaines & Bois contre ſon Commis à la Recette des Domaines & Bois, pour ſommes dûes en Reliquats de compte, viſée par le Grand Maiſtre des Eaux & Foreſts du Département, ſera exécutée nonobſtant la ſurſéance portée en l'Arreſt de deffenſe obtenu par ce Commis, qui prétendoit que le Receveur Général en ſadite qualité ne pouvoit contraindre ſon Commis, & même que la contrainte n'avoir pû être viſée par le Grand Maiſtre.

Du 4 Septembre 1743.

* Arreſt du Grand Conſeil, qui ordonne par proviſion que le Marché établi dans la Ville de Langogne, Bailliage de Gevaudan, ſe tiendra au même endroit où il a toujours été.

Du 7 Septembre 1743.

* Arreſt du Parlement, qui ordonne que ſur la ſomme de onze cens ſoixante-ſept livres un ſol ſix deniers, dépoſée chez

James, Notaire, appartenante au Sieur Salviat, Marchand de
de bois à Paris, Jacques Forceville, Adjudicataire des Fermes
Générales, sera payé par privilége & préférence à tous Créanciers, de deux cens cinquante-cinq livres deux sols six deniers,
intérests & frais à lui dûs, pour Droits de Domaine & Barrage,
& quatre sols pour livre, des bois vendus par ledit Sieur Salviat.

Et qu'après ledit Forceville, les Directeurs & Administrateurs de l'Hôpital Général de Paris, seront payés aussi par privilége & préférence à tous autres Créanciers de deux cens quatre-
vingt-onze livres trois sols, pour les Droits dûs audit Hôpital,
à cause des bois vendus par ledit Salviat, ensemble des intérests & frais.

Du 7 Septembre 1743.

Décision du Conseil, confirmatif d'une Ordonnance de M.
l'Intendant d'Orleans du 9 Février précédent, par laquelle le
nommé Berault, Notaire Royal à Illiers, a été condamné per-
sonnellement au payement des Droits de Controlle & d'Insinuation du Conrrat de Mariage du Sieur de Garence & de la
Demoiselle Moliere, sauf son recours, ainsi qu'il avisera, &
nonobstant ce qu'il avoit allégué pour établir que les Droits
avoient été perçus au-dessus de ceux fixés par les Réglemens.

Du 17 Septembre 1743.

* Ordonnance de M. l'Intendant de la Généralité de Paris,
portant que tous Curés, Vicaires & autres Détempteurs des
registres de Bâtêmes, Mariages & Sepultures, & des Gens de
Main-morte, Notaires, Greffiers & autres personnes publiques
seront tenus de representer & donner communication gratuite-
ment aux Commis du Fermier des Domaines & Droits y joints
desdits Registres & Repertoires des Actes par eux reçus, même
de leur en fournir des extraits en payant les Droits pour ce réglés par l'Article 12 de la Déclaration du 19 Juillet 1704, le
tout à la premiere requisition, à peine de deux cens livres d'a-
mende pour chaque contravention.

F I N.